AF617855

Christina Müller | Marit Obier

Bewegtes Lernen

Klasse 2

Didaktisch-methodische Anregungen für die Fächer Mathematik, Deutsch und Sachunterricht

4., vollständig überarbeitete Auflage

Onlineversion
Nomos eLibrary

Die Deutsche Nationalbibliothek verzeichnet diese Publikation in der Deutschen Nationalbibliografie; detaillierte bibliografische Daten sind im Internet über http://dnb.d-nb.de abrufbar.

ISBN 978-3-98572-178-8 (Print)
ISBN 978-3-98572-179-5 (ePDF)

4., vollständig überarbeitete Auflage
© Nomos Verlagsgesellschaft, Baden-Baden 2024. Gesamtverantwortung für Druck und Herstellung bei der Nomos Verlagsgesellschaft mbH & Co. KG. Alle Rechte, auch die des Nachdrucks von Auszügen, der fotomechanischen Wiedergabe und der Übersetzung, vorbehalten. Gedruckt auf alterungsbeständigem Papier.

Inhaltsverzeichnis

Vorwort zur vollständig überarbeiteten und erweiterten 4. Auflage

Seit dem Erscheinen der letzten 3. Auflage sind über 15 Jahre vergangen, in denen das Konzept der bewegten Schule und der Schwerpunkt des bewegten Lernens in einer Reihe von Schulen erfolgreich umgesetzt werden konnten. Für die 4. Auflage wurden Inhalte überarbeitet und erweitert (z. B. in Mathematik durch Wahrscheinlichkeiten und Kombinatorik), ergänzende Fotos und Zeichnungen eingefügt und neuere digitale Medien einbezogen. Es erfolgte eine Abstimmung mit den neuen Lehrplänen in Sachsen (2019) sowie dem Perspektivrahmen Sachunterricht (2013). Die männliche und weibliche Form wurde alternierend verwendet. Auf die Form von herausnehmbaren Karteikarten wurde aus verlagstechnischer Sicht verzichtet. Diese kann man aber durch Kopieren und Falten erhalten. In der 4. Auflage wurde bewegtes Lernen als Querschnittsaufgabe (Müller, 2021, S. 15-18) bewusster konzipiert: Zum einen innerhalb der Bildungsinstitution Grundschule (durch Querverweise zu weiteren Fächern) und zum anderen entlang des Bildungsweges. Damit besteht auch die Chance, Übergänge anschlussfähiger zu gestalten. Für den Übergang vom Kindergarten zur Grundschule können u. a. folgende Beispiele aufgegriffen werden: Mathematik Klasse 2: „Stille Post“, „Zeitspannen erfahren“ bzw. aus Deutsch: „Tu es!“ (weitere Beispiele im Buch „Bewegte Kita“ von Müller, 2021 gekennzeichnet mit *). Für den Übergang zu weiterführenden Schulen bieten sich an aus Mathematik „Häuser bauen“ und aus Deutsch „Wanderdiktat“. In die Erarbeitung der Anregungen sind Vorschläge von Studierenden und Lehrkräften eingeflossen, die auf umfangreichen Literaturstudium basieren. Dies erschwert zum Teil den Nachweis der ursprünglichen Quellenangaben. Durch die Anbindung an das sächsische Projekt erfolgte eine Orientierung an den Lehrplänen in Sachsen, ergänzt durch eine Analyse von Lehrplänen/Richtlinien anderer Bundesländer. Da eine Reihe von Inhalten und Themen in unterschiedlichen Klassenstufen aufzufinden ist, wird meist eine unverbindliche Spannbreite über mehrere Klassenstufen angegeben. Insgesamt sind die Beispiele als Anregungen zu verstehen, die entsprechend der konkreten Bedingungen sowie der aktuellen Klassensituation ausgewählt und verändert werden müssen. Außerdem soll dazu angehalten werden, selbst neue Beispiele auszuprobieren und zu ergänzen.

Leipzig, Januar 2024 Christina Müller & Marit Obier
und die Forschungsgruppe „Bewegte Schule“ der Universität Leipzig

Unser Dank gilt folgenden Experten, die mit ihren fachlichen Ratschlägen die Überarbeitung der Beispiele bereits in der 1. Auflage unterstützten:
Prof. Dr. Hanns Petillon, Grundschulpädagogik (Koblenz-Landau)
Dr. Elke Germann, Grundschuldidaktik Mathematik (Dresden)
Dr. Irene Scholze, Grundschuldidaktik Deutsch (Dresden)
Dr. Steffen Wittkowske, Grundschuldidaktik Sachunterricht (Dresden) u. a.
Großen Anteil an dem Entwurf der 1. Auflage haben Katja Fritsch, Annett Liebscher und weitere ehemalige Studierende an der TU Dresden (Anke Heininger, Cornelia Sachse, Anja Klöpsch und Yvonne Matthe).
Für Zuarbeiten zur 4. Auflage bedanken wir uns vor allem bei Felix Hildebrand, Constantin von Hoyningen-Huene und Marie Paul (ehemalige Studierende an der Universität Leipzig).

Layout: Christina Müller, Leipzig
Zeichnungen:
Martin Veit, Leipzig (Titelseiten)
Heide Hoeth, Berlin: D (1.4), SU (2.4)
Simone Biewald, Dresden: Ma (1.20), D (1.8, 4.9)
Marit Obier, Dresden: Ma (1.21, 1.36), SU (4.11)
Niclas Hellwig, Leipzig: Ma (1.17, 1.27, 1.37, 3.3), D (2.1, 4.10, 4.12)
Felix Hildebrand, Leipzig: Ma (1.22, 1.41, 4.3)
Marie Paul, Leipzig: SU (3.9)
Fotos:
Marit Obier, Dresden: Ma (1.5, 1.19), D (2.4), SU (3.1, 4.12), Paul SU (2.4)

Anmerkung: Aus Gründen des Leseflusses wird in den didaktisch-methodischen Anregungen die männliche und weibliche Form alternierend verwendet und nicht jedes Mal gemeinsam. Es sind dabei jedoch immer alle anderen Formen gleichermaßen angesprochen.

Einleitung:

1 Bewegtes Lernen als Teilbereich einer bewegten Schule

Kinder brauchen die Bewegung, um sich in ihrer Gesamtpersönlichkeit harmonisch entwickeln zu können. Bewegung ist das Medium, die Umwelt zu erkennen und zu gestalten (Grupe 1982, S. 72). Durch Bewegung nehmen die Heranwachsenden ihre Umwelt differenzierter wahr und sammeln vielfältige Erfahrungen. Bewegung unterstützt das kognitive Lernen (verbesserte Konzentrationsfähigkeit, zusätzlicher Informationszugang über den Bewegungssinn, Optimierung der Informationsverarbeitung u. a.). Bewegungssituationen bieten für Schülergruppen vielfältige soziale Lernmöglichkeiten, bei denen die Wechselseitigkeit von Geben und Nehmen ausgewogen realisiert wird. Des Weiteren besteht ein Zusammenhang zwischen als befriedigend erfahrenen Bewegungshandlungen und positivem emotionalen Erleben. Bewegung kann einmal aktivieren, hat aber auch eine beruhigende und stressabbauende Wirkung. Dadurch werden Gesundheit und Wohlbefinden gefördert. Bewegung ist eine Voraussetzung für die motorische und gesunde körperliche Entwicklung. Durch Bewegungssicherheit kann die Unfallhäufigkeit gesenkt werden. Die Erprobung von Bewegungsabläufen, eine realistische Selbsteinschätzung und das Erleben eigenen Könnens, aber auch eigener Grenzen, tragen wesentlich zu einer befriedigenden Selbsterfahrung bei. (Müller, 2022, S. 21-37)

Kinder haben aber zu wenig Bewegung, denn sie sind in Abhängigkeit von ihren individuellen Bedingungen von einer zunehmend von Bewegungseinschränkungen charakterisierten Welt umgeben. Als zentrale Stichworte können gelten: Spielfeindlichkeit und Einengung der Bewegungsräume, Dominanz bewegungsarmer Freizeittätigkeiten, Tendenz zur „Verhäuslichung" und damit Rückzug aus dem Bewegungsraum Natur u. a. Der Zustand dauernder Bewegungsunterdrückung wird noch verstärkt durch einen den Schulalltag häufig bestimmenden typischen „Sitzunterricht". Folgen sind zunehmende gesundheitliche Schwächen und Schäden (Haltungsschwächen u. a.), Konzentrationsschwäche, Hyperaktivität, Auffälligkeiten im Arbeits- und Sozialverhalten, erhöhte Aggressivität, eingeschränkte Leistungsfähigkeit, Unfallhäufigkeiten. (Müller, 2022, S. 37-41)

Ansätze zur Problemlösung zu finden, ist ein gesamtgesellschaftliches Anliegen, in das sich unterschiedliche Ebenen einzubringen haben. Schule sollte insgesamt den Bewegungsaktivitäten der Kinder und Jugendlichen mehr Raum bieten und konsequent ein Lernen mit allen Sinnen, also auch dem Bewegungssinn, ermöglichen. Deshalb muss Schule in diesem Sinne zu einer **bewegten Schule** werden. Folgende Bereiche einer bewegten Schule können ausdifferenziert werden (Müller & Petzold, 2014, S. 36):

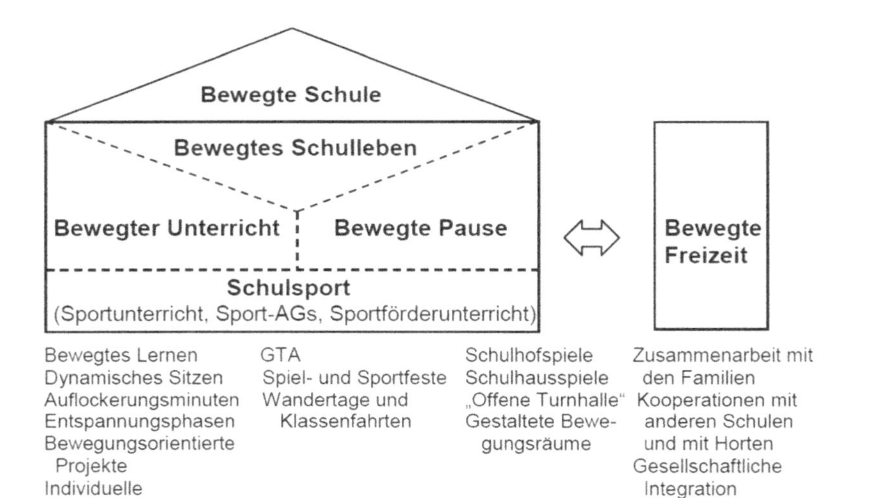

Die vorliegenden didaktisch-methodischen Anregungen beziehen sich auf den Teilbereich bewegtes Lernen, der in einen bewegten Unterricht eingeordnet werden kann. Verbindungen zu anderen Bereichen werden angedeutet.

Insgesamt sollen die Beispiele der Materialsammlung als Anregung verstanden werden, die entsprechend den konkreten Bedingungen zu verändern sind. Viele neue Ideen können bei der täglichen Arbeit entstehen. Für Hinweise und Ergänzungen wären die Verfasser sehr dankbar.

2 Bewegung kann beim Lernen helfen

Zusätzliche Informationszugänge durch Bewegung

Als Lernkanäle werden hauptsächlich der akustische und der optische Analysator genutzt. Über den Bewegungssinn (kinästhetischer Analysator), dessen Rezeptoren über den gesamten Körper verteilt in den Muskeln, Sehnen, Bändern und Gelenken liegen, kann der Schüler zusätzlich Informationen zum Lerngegenstand erhalten. Diese Informationen erfolgen also nicht über die Umwelt, sondern über den Körper und die eigene Bewegung. (Müller, 2022, S. 64-65) Der Lernprozess in den Fächern Mathematik, Deutsch und Sachunterricht kann über folgende Möglichkeiten Unterstützung erfahren:

Die Kinder können Formen, Zahlen, Größen sowie Sprache, den eigenen Körper und die Natur über Bewegung wahrnehmen und erleben. Sie empfinden fachliche Strukturen (wie den Zahlenstrahl oder das Alphabet) über Bewegung. Sie erfahren und begreifen über Bewegung Ordnungen, Mengen, Zahlen, Formen, Größen sowie die Sprache, den Menschen und die Natur. Die Kinder teilen mathematische Ergebnisse, Rechtschreib- oder Grammatikentscheidungen durch Bewegung mit. Alltagssituationen oder Inhalte von Gehörtem/Gelesenem werden szenisch dargestellt. Die Bewegungsumwelt kann geformt und gestaltet werden. Unterrichtsgängen ermöglichen es, Inhalte der einzelnen Fächer zu erkunden.
Konkretisierung für Mathematik, Deutsch und Sachunterricht sind zu Beginn der jeweiligen Buchteile zu finden.

Alle aufgeführten Möglichkeiten geben dem Schüler zusätzliche Informationen über den Lerngegenstand und unterstützen damit den Lernprozess. Darüber hinaus fördert diese Art des Unterrichts die Motivation. Der Schüler erhält die Möglichkeit, sich in seinem Tun und Lernen voll zu entfalten. Lernprozesse, die unter Mitwirkung von Bewegung entstehen, erfolgen meist durch Zusammenarbeit mehrerer Schüler. Gruppenbildungen müssen abgesprochen, Arbeitsschritte gemeinsam geplant werden. Dies fördert auch die Sozialkompetenz.

Optimierung der Informationsverarbeitung durch Bewegung

Schule ist traditionell eine „Sitzschule". Lernen scheint vorrangig nur im ruhigen Sitzen möglich. Dabei wurden bereits vor mehr als 2000 Jahren die Schüler von Aristoteles in Wandelhallen unterrichtet (Seele, 2012, S. 16), Mönche promenierten bei geistigen Gesprächen durch die Klostergänge und in früheren Zeiten schrieben Dichter und Gelehrte, wie z. B. J. W. v. Goethe, an Stehpulten und schritten beim Nachdenken im Zimmer auf und ab (Breithecker u. a., 1996, S. 24). Lehrer pflegen auch heute weniger im Sitzen zu arbeiten, sondern sie gehen durch den Unterrichtsraum. Nur die Schüler sollen noch zu häufig beim „Stillsitzen" lernen. Dabei weisen Untersuchungen zu Grundgrößen der Informationsverarbeitung (bei Erwachsenen) nach, dass bereits geringe fahrradergometrische Belastungen die Gehirndurchblutung anregen und dadurch die geistige Leistungsfähigkeit, insbesondere die Kurzspeicherkapazität und die Lerngeschwindigkeit, ansteigt (Lehrl & Fischer, 1994, S. 182). Überwinden wir unsere pädagogischen Gewohnheiten und ermöglichen den Schülern, Lernen mit Bewegung zu verbinden. Zur Optimierung der Informationsverarbeitung reichen bereits Bewegungen mit geringer Intensität aus. (Müller, 2022, S. 65-66)

Die nachfolgenden Beispiele basieren auf diesen theoretischen Positionen, z. B. das Entscheiden über Zustimmung oder Ablehnung zu Lösungen oder Aussage sowie zu Beobachtungen oder Beschreibungen. Beim (Zu-)Werfen eines Balles o. Ä. kann Fachwissen eingeordnet, abgefragt oder gefestigt werden. Beim Gehen durch den Raum besteht die Möglichkeit, Aufgaben zu lösen bzw. Informationen einzuholen oder sich etwas einzuprägen und am Platz aufzuschreiben. Etwas geübt werden kann auch beim Wechseln der Plätze. Lesen, Schreiben und Zuhören sind in unterschiedlichen Haltungen möglich. Dafür sind Konkretisierung ebenfalls zu Beginn der jeweiligen Buchteile zu finden.

Solche Übungen können als Erweiterung traditioneller Formen des Unterrichtens eingeordnet werden. Neben der verbesserten Sauerstoffversorgung des Gehirns tragen psychische Komponenten (nicht mehr still sitzen zu müssen sowie die Motivationserhöhung durch die eigene Aktivität) dazu bei, das Lernen zu erleichtern und eine Schule zu gestalten, die wirklich vom Schüler (und seinem Bewegungsbedürfnis) ausgeht.

3 Auswahlkriterien für die didaktisch-methodischen Anregungen

Wissens- und Könnensvermittlung

Die bewegungsorientierte Vermittlung von Lerninhalten bezieht sich auf das in den Lehrplänen ausgewiesene fachliche Wissen und Können. Die Bewegung soll - wie bereits erklärt - einen zusätzlichen Informationszugang ermöglichen sowie die Informationsverarbeitung optimieren. Möglichkeiten der Differenzierung sind zu berücksichtigen. Die Konzentration auf Mathematik, Deutsch und Sachunterricht erfolgt aus Gründen der Überschaubarkeit. Außerdem spielt die Bewegung beim Lernen in diesen Fächern bisher eine geringere Rolle als vergleichsweise im Musikunterricht. Die Beispiele sind ebenfalls im lernbereichsübergreifenden Unterricht einsetzbar. Eine Reihe von Vorschlägen kann in den Grundgedanken auf andere Lernbereiche bzw. weitere Fächer der Grundschule übertragen werden.

Altersspezifik

Der Schuleintritt stellt für die Kinder mit vielen neuen Anforderungen einen gravierenden Einschnitt in ihr Leben dar. Es ist wichtig, bei allen neuen Herausforderungen für das Kind in der 1. Klasse auch Kontinuität zu wahren. Die Beispiele für bewegtes Lernen knüpfen an Spielformen aus dem Kindergarten an, berücksichtigen das Spiel- und Bewegungsbedürfnis der Schulanfänger, stellen die soziale Komponente vor Wettkampfformen, sind um eine kindgerechte sowie abwechslungsreiche Gestaltung bemüht und versuchen, Problemen entgegenzuwirken, die teilweise auch durch das familiäre Umfeld („In der Schule musst du stillsitzen!") aufgebaut werden.

Anregung zur Selbstständigkeit

Mit der Auswahl der Beispiele wird angestrebt, dass die Spiel- und Übungsformen bereits in der 1. Klasse nach einer Einführungsphase zunehmend selbstständig von den Kindern durchgeführt werden. Deshalb findet häufig der Begriff „Spielleiter" Verwendung. Dies kann anfangs die Lehrkraft sein. Sehr bald sollte die Aufgabe den Schülern übergeben werden. Eine Reihe von Vorschlägen eröffnet die Chance, dass die Kinder diese Formen auf ihr häusliches Lernen und Verhalten übertragen. Die Sensibilisierung der Eltern für die Bedeutung der Bewegung in der kindlichen Entwicklung, z. B. durch Gespräche im Rahmen von Elternabenden, erscheint dafür dringend notwendig.

Förderung sozialer Kompetenzen

Bewegungssituationen bieten gerade für den Schulanfang wichtige Möglichkeiten sich kennen zu lernen und sich einen Platz in der Gruppe zu sichern. Außerdem können Verhaltensweisen des Gebens und Nehmens geübt werden, z. B. akzeptiert werden und akzeptieren, Verlässlichkeit erfahren und zeigen, Einfluss geltend machen und sich einordnen. Deshalb werden viele Übungsformen in Paaren oder Kleingruppen (4 bis 6 Schüler) angeboten, verbunden mit möglichem Rollenwechsel. Dabei können soziale Kompetenzen wie Kommunikation, Kooperation und soziale Sensibilität erworben werden. Das gemeinsame Lösen von Aufgaben rückt gegenüber dem Konkurrenzprinzip in den Vordergrund.

Variabler Einsatz

Auf Modifizierungsmöglichkeiten von Beispielen für weitere Fächer der Grundschule wurde bereits hingewiesen. Ein variabler Einsatz wird aber nicht nur innerhalb des bewegten Lernens angestrebt, sondern nach Möglichkeit innerhalb des Gesamtkonzeptes „Bewegte Grundschule". Die Abbildung auf Seite 9 verdeutlicht die unterschiedlichen Teilbereiche der bewegten Grundschule mit durchaus eigener Spezifik an Zielen, Inhalten und in der methodischen Gestaltung. Die unterbrochenen Linien verweisen aber auf vielfältige Verbindungsmöglichkeiten, die im Erleben der Kinder generell zusammenfließen. Diese ergeben sich z. B. für das bewegte Lernen in Klasse 2 zum *Sportunterricht* durch die Modifizierung von Spielen (Spiele in der Natur, Nummernwettlauf, Zielwurf), zur *bewegten Pause* (Spiele für die Pause) zum *Dynamischen Sitzen* (Bewegtes Sitzen), zu *Auflockerungsminuten* (Puppentheater) oder zu *Entspannungsphasen* (Atemübungen).

Praktikabilität

Ein wichtiges Auswahlkriterium für die nachfolgenden Beispiele ist, dass diese mit der gesamten Klasse von ca. 25 Schülern durchgeführt werden und dabei möglichst viele Kinder in Bewegung sind. Des Weiteren gehen wir davon aus, dass Formen des bewegten Lernens vorrangig als Unterrichtssequenzen geplant werden. Deshalb enthält die Mehrzahl der Beispiele eine Durchführungsmöglichkeit für das Klassenzimmer (Lüftung nicht vergessen). Die Auswahl weniger materialintensiver Übungsformen soll bei Beachtung der Mehrfachnutzung einen unkomplizierten Einsatz gewährleisten.

4 Hinweise zur Arbeit mit den Materialien

Einsatzmöglichkeiten

Das didaktisch-methodische Anregungen ist für die Hand des Lehrers geschrieben. Die Beispiele sind aber keinesfalls nur durch die Lehrkraft im Frontalunterricht einsetzbar. Vor allem die Varianten für Kleingruppen lassen sich bei entsprechender Bearbeitung auch in Freiarbeitsphasen oder der Werkstattarbeit anwenden. Mit anderen Spielformen kann nach solchen Phasen die Klasse wieder zusammengeführt werden.

Ebenso sind die Beispiele in Abhängigkeit vom Inhalt in *unterschiedlichen Unterrichtsphasen* realisierbar, sowohl in der Erarbeitung als auch in der Übung und Anwendung.

Wertvoll kann die Verwendung ausgewählter Beispiele vor allem im *Förderunterricht* sein, da es für Kinder z. B. mit Lernschwierigkeiten besonders wichtig ist, zusätzliche Möglichkeiten der Informationsaufnahme über den kinästhetischen Analysator zu erhalten.

Im Rahmen von *Projekten* sollten bewegungsorientierte Formen mehr Beachtung finden. Viele der aufgeführten Beispiele können für Projekte eine Modifizierung und Weiterentwicklung erfahren.

Hinweise zur Anfertigung von benötigten Materialien:

- Buchstabenkarten können vergrößerte Kopien der Buchstaben des Klassenlesegerätes sein, die in eine Folienhülle gesteckt werden.
- Für Ziffern- und Aufgabenkarten sowie Wortkarten befinden sich unter den Beispielen zu vergrößernde Kopiervorlagen bzw. können diese von den Kindern selbst hergestellt werden.
- Für Bilder kann ein nicht mehr aktueller Katalog zerschnitten werden.
- Teppichfliesen können aus Resten von Fußbodenbelägen, die z. B. bei einem Polsterer zu erhalten sind, selbst hergestellt werden (Ränder evtl. mit Teppichband einfassen oder mit Leim bestreichen).
- Klanginstrumente können z. B. Triangel und Klanghölzer aus dem Musikunterricht oder auch selbst angefertigte Instrumente (Dose mit Reis o. Ä. füllen und zukleben) sein.
- Schwungtücher können durch Abdeckfolien (Malerbedarf) oder ausrangierte Gardinen ersetzt werden.

5 Literatur (Klasse 2)

Baer, U. (1994). *666 Spiele. Für jede Gruppe. Für alle Situationen*. Seelze-Velber: Kallmeyer.

Bartl, A. & Bartl, M. (1992). *Spiele im Mathematikunterricht der Grundschule*. Donauwörth: Auer.

Bartl, A. (1996). *Das Sommer-Spiele-Spaß-Buch*. Freiburg/Breisgau.

Baum, H., Bücken, H. & Starz, S. (1994). *Grundschul-Spielkartei* (2. Aufl.). Münster: Ökotopia-Verlag.

Brecht, B. (1969). Gedichte 1948 - 1956. *Gesammelte Werke*, Band VII. Berlin: Aufbau.

Breithecker, D. et al. (1996). In die Schule kommt Bewegung. *Haltung und Bewegung 16* (2), 5-47.

Cornell, J. (1991). *Mit Kindern die Natur erleben*. Mühlheim: Verlag an der Ruhr.

Dickreiter, B. (1997). Bewegung und Gehirn. In Müller, Chr. (Hrsg.), *Symposium Bewegte Grundschule*. Konferenzbericht: Dresden, 22. und 23. November 1997. Dresden: TU Dresden.

Fritsch, K. (1998). *Untersuchungen didaktisch-methodischer Materialien zum Bewegten Lernen in Klasse 2*. Wissenschaftliche Arbeit. Dresden: TU Dresden, Sportpädagogik.

Geißler, U. (1990). *Spiel und Spaß zu Hause*. Niederhausen/Ts.: Falken-Verlag.

Geißler, U. (1993). *Jolly Joggers und Lilly Linders großes grasgrünes Umwelt Spiel- und Spaßbuch*. Münster: Ökotopia-Verlag.

Gesellschaft für Didaktik des Sachunterrichts (GDSU). (2013). *Perspektivrahmen Sachunterricht* (vollst. und erweit. Ausgabe). Bad Heilbrunn: Klinkhardt.

Grupe, O. (1982). *Bewegung, Spiel und Leistung im Sport*. Schorndorf: Hofmann.

Guggenmos, J. (1966). *Was denkt die Maus am Donnerstag?* Recklinghausen: Paulus.

Hildebrand, F. (2023), *Bewegtes Lernen im Mathematikunterricht unter Berücksichtigung neuer Erkenntnisse*. Wissenschaftliche Arbeit. Leipzig: Uni Leipzig, Sportpädagogik.

Hölderlin, F. (1995). Herbstgedicht. In S. Baierlein., C. Junker & M. Reichgeld (1995*). Herbst in der Grundschule*. (5. Aufl.). München: Oldenbourg.

Hoyningen-Huene v., C. (2023), *Bewegtes Lernen im Deutschunterricht der Klassenstufen 1-4 unter Berücksichtigung aktueller Erkenntnisse*. Wissenschaftliche Arbeit. Leipzig: Uni Leipzig, Sportpädagogik.

Hülsmeyer, B. (1993). Spielend lernen, das macht Spaß. In Büchner, I. et al., *Lernen und Spielen in der Grundschule*. 29-46. Neuwied: Luchterhand.

Kret, E. (1993). *Anders lernen. Tips für den offenen Unterricht*. Linz: Veriatas.

Lehrl, S. & Fischer, B. (1994). *Gehirn-Jogging. Selber denken macht fit* (4. überarb. Aufl.). Ebersberg: VLESS.

Mala, M. (1991). *365 Spiele*. München: Heyne.

Müller, Chr. (2021). *Bewegte Kita*. Baden-Baden: Academia.

Müller, Chr. (2022). *Bewegte Grundschule* (4. neu bearb. und erweit. Aufl.). Baden-Baden: Academia.

Naegele, I. & Haarmann, D. (Hrsg.). (1989). *Darf ich mitspielen?* Weinheim und Basel: Beltz.

Obier, M. (2023). *Zuarbeiten für bewegtes Lernen*. Unveröff. Manuskript.

Paul, M. C. (2023), *Bewegtes Lernen im Fach Sachunterricht der Klassenstufen 1-4 unter Berücksichtigung neuer Erkenntnisse*. Wissenschaftliche Arbeit. Leipzig: Uni Leipzig, Sportpädagogik.

Petillon, H. (1993). *Soziales Lernen in der Grundschule*. Frankfurt a. Main: Diesterweg.

Petzold, R. (1994). *Schulhofspiele*. Bautzen: Lausitz-Druck.

Petzold, R. (1998). *Rätsel*. Manuskript. Dresden. TU Dresden, Sportpädagogik.

Regelein, S. (1988). *Lernspiele für die Grundschule*. München: Oldenbourg.

Regelein, S. (1989). *Lernspiele im Mathematikunterricht* (8. Aufl.). München: Oldenbourg.

Schmidbauer, H. & Hederer, J. (1991). *Erlebnisraum Wald*. München: Don-Basco-Verl.

Seele, K. (2012). Beim Denken gehen, beim Gehen denken. Die Peripatetische Unterrichtsmethode. Band 14 von *Philosophie und Bildung*. Berlin, Münster u. a.: LIT.

SMK (Sächsisches Staatsministerium für Kultus). (Hrsg.). (1992, 2004, 2019). *Lehrplan Grundschule. Mathematik*. Dresden: SMK.

SMK. (Hrsg.). (1992, 2004, 2019). *Lehrplan Grundschule. Deutsch*. Dresden: SMK.

SMK (Hrsg.). (1992, 2004, 2019). *Lehrplan Grundschule. Sachunterricht*. Dresden: SMK.

SMK. (Hrsg.). (2014). *Spiel & Spaß. Eine Sammlung für die Hosentasche*. Dresden: SMK. Zugriff am 3. März 2021 unter Broschüre „Spiel & Spaß" (https://publikationen.sachsen. de/bdb/artikel/22796)

Woll, J., Merzenich, M. & Götz, T. (1988). *Alte Kinderspiele*. Stuttgart: Ulmer.
Wunderlich, G. (1995). *1 x 1 mit allen Sinnen.* Lichtenau: AOL.

Weitere Informationen unter: http: //www.bewegte-schule-und-kita.de
http://www.academia-verlag.de
www.nomos-shop.de

Literatur zum Projekt „Bewegte Schule“ (in Sachsen)

Müller, Chr. (2022). *Bewegte Grundschule. Anregungen für mehr Bewegung in der Grundschule* (4. aktualisierte und erweiterte Aufl.). Baden-Baden: Academia.

In diesem Buch werden grundsätzliche Positionen, sowie eine Vielzahl von Beispielen vorgestellt - über das bewegte Lernen hinaus für weitere Bereiche einer bewegten (Grund-)Schule, wie Auflockerungsminuten, Entspannungsphasen, individuelle Bewegungszeiten, bewegungsorientierte Projekte, bewegte Pausen, bewegtes Schulleben.

Müller, Chr. & Petzold, R. (2002). *Längsschnittstudie bewegte Grundschule. Ergebnisse einer vierjährigen Erprobung eines pädagogischen Konzeptes zur bewegten Grundschule.* St. Augustin: Academia.

Müller, Chr. (2010). *Schulsport in den Klassen 1-4. Aspekte einer Schulsportdidaktik für die Grundschule* (2. überarb. Aufl.). St. Augustin: Academia.

Müller, Chr. & Dinter, A. (2020). *Bewegte Schule für alle. Modifizierungen eines Konzeptes der bewegten Schulen für die Förderschwerpunkte Lernen, geistige Entwicklung, körperliche und motorische Entwicklung, emotionale und soziale Entwicklung sowie Sprache und Hören* (2. neu bearb. und erweit. Aufl.). Baden-Baden: Academia.

Müller, Chr. & Obier (2024). *Bewegtes Lernen in den Klassen 1 bis 4. Didaktisch-methodische Anregungen für die Fächer Mathematik, Deutsch und Sachunterricht* (4. Aufl.). Baden-Baden: Academia.

Müller, Chr. et al. (2003, 2009, 2014, 2023). *Bewegtes Lernen Klassen 1 bis 4 in den Fächern: Ethik, Englisch Anfangsunterricht, Kunst, Musik.* St. Augustin/Baden-Baden: Academia.

Müller, Chr. (2021). *Bewegte Kita. Anregungen für mehr Bewegung in Krippe, Kindergarten und Hort.* Baden-Baden: Academia.

Müller, Chr. & Petzold, R. (2014). *Bewegte Schule* (2. neu bearbeitete Aufl.). St. Augustin: Academia.

Müller, Chr. et al. (2004, 2005, 2013, 2014, 2015, 2016, 2018, 2020). *Bewegtes Lernen in den Klassen 5 bis 10/12. Fächer: Fremdsprachen, Biologie, Geschichte, Gemeinschaftskunde/Recht/Wirtschaft, Deutsch, Evangelische Religion, Mathematik, Kunst, Musik, Physik, Geografie, Ethik, Chemie.* St. Augustin/Baden-Baden: Academia.

Bewegtes Lernen in Klasse 2

Didaktisch-methodische Anregungen

für Mathematik

1 Arithmetik

Die natürlichen Zahlen bis 100

1.1 Stellenwerttafel
1.2 Auf dem Zahlenstrahl
1.3 Wo ist mein Platz?
1.4 Zahlen erfühlen
1.5 Zahlen bilden

Addieren und Subtrahieren bis 100

1.6 Rechnen auf dem Zahlenstrahl
1.7 Kegelspiel
1.8 Häuser bauen
1.9 Rechenspaziergang
1.10 Plätze tauschen
1.11 Springrechnen
1.12 Stille Post
1.13 Mein rechter, rechter Platz ist leer
1.14 Insellauf
1.15 Aufgabenketten
1.16 Gesucht wird ...
1.17 Gruppenbildung
1.18 Blinde Kuh
1.19 Hase und Igel
1.20 Dirigent und Orchester
1.21 Flaschenroulette
1.22 Zielwerfen

Multiplizieren und Dividieren bis 100

1.23 Tanzstunde
1.24 Rhythmische Malfolgen
1.25 Welche Ecke?
1.26 Wettwanderball
1.27 Die böse Sieben
1.28 Nummernwettlauf
1.29 Rechenreise
1.30 Rechnen mit Spielkarten
1.31 Zielprellen
1.32 Verzaubern
1.33 Hüpfspiel
1.34 Schneller als der Luftballon
1.35 Einmaleins-Zielwerfen
1.36 Kegelrechnen
1.37 Treppenrechnen
1.38 Gerade oder ungerade?
1.39 Ich bin die gerade Zahl
1.40 Reise nach links oder rechts
1.41 Mathematik Tik-Tak-Toe

2 Größen

Geld

2.1 Verborgene Münzen
2.2 Shopping Tour

Längen, Zeit

2.3 Messen – einmal anders
2.4 Gegenstände finden
2.5 (Ver-)Schätzen
2.6 Zeitlupe – Zeitraffer
2.7 Zeit erleben
2.8 Zeitspannen
2.9 Wie lange dauert ...?
2.10 Uhrzeiger
2.11 Pass auf, wie spät es ist!
2.12 Uhrenvergleich

3 Geometrie

Entdecken, Benennen und Darstellen geometrischer Figuren

3.1 Figuren suchen
3.2 Figuren tasten
3.3 Figuren bilden

Symmetrie

3.4 Spiegeläffchen
3.5 Spiegelfiguren

4 Daten, Wahrscheinlichkeit, Kombinatorik

4.1 Büchsen werfen
4.2 Punktewurf
4.3 Anordnen

Zuordnung von Beispielen

Zusätzlicher Informationszugang	Beispiele	
Ordnungen, Formen, Zahlen, Größen über Bewegung/über den Körper *wahrnehmen, erleben*	1.4 Zahlen erfühlen 1.12 Stille Post 1.24 Rhythmische Malfolgen	2.1 Verborgene Münzen 2.7 Zeit erlebe 2.8 Zeitspannen 3.2 Figuren tasten
Einteilungen auf dem Zahlenstrahl *empfinden*	1.2 Auf dem Zahlenstrahl	
Vorstellungen von Ordnungen und Mengen, Zahlen, Formen, Größen über Bewegung e*rfahren, begreifen*	1.6 Rechnen auf dem Zahlenstrahl 1.7 Kegelspiel 1.11 Springrechnen 1.22 Zielwerfen 1.37 Treppenrechnen	2.2 Messen – einmal anders 2.5 (Ver-)Schätzen 4.1 Büchsen werfen 4.2 Punktewurf 4.3 Anordnen
Ergebnisse durch Bewegung, Körpersprache *ausdrücken, mitteilen*	1.1 Stellenwerttafel 1.14 Insellauf 1.16 Gesucht wird ... 1.20 Dirigent und Orchester	1.25 Welche Ecke? 1.27 Die böse Sieben 1.28 Nummernwettlauf 1.33 Hüpfspiel
mathematische Inhalte in Alltagssituationen *szenisch darstellen*	1.23 Tanzstunde 2.9 Wie lange dauert ...?	2.10 Uhrzeiger 2.11 Pass auf, wie spät es ist! 2.12 Uhrenvergleich
etwas durch Bewegung *formen, gestalten*	2.6 Zeitlupe - Zeitraffer 3.3 Figuren bilden	3.4 Spiegeläffchen 3.5 Spiegelfiguren
bei Unterrichtsgängen Mathematik *erkunden*		

Optimierung der Informationsverarbeitung	Beispiele	
mit Bewegung Zustimmung oder Ablehnung zu Aussagen oder Lösungen signalisieren	1.13 Mein rechter, rechter Platz ist leer	1.39 Ich bin die gerade Zahl 1.40 Reise nach links oder rechts
beim (Zu-)Werfen eines Balles o. Ä. Aufgaben bilden und lösen	1.15 Aufgabenketten	1.26 Wettwanderball 1.34 Schneller als der Luftballon
bzw. durch *Zielwerfe o. Ä. n* Aufgaben bilden	1.21 Flaschenroulette 1.31 Zielprellen	1.35 Einmaleins-Zielwerfen 1.36 Kegelrechnen
beim Gehen (durch den Raum)		
- Fragen beantworten, Ergebnisse besprechen	1.30 Rechnen mit Spielkarten	1.38 Gerade oder ungerade?
- Aufgaben lösen	1.1 Stellenwerttafel 1.3 Wo ist mein Platz? 1.5 Zahlen bilden 1.8 Häuser bauen 1.9 Rechenspaziergang 1.17 Gruppenbildung	1.18 Blinde Kuh 1.19 Hase und Igel 1.41 Mathematik Tik-Tak-Toe 2.4 Gegenstände finden 3.1 Figuren suchen
- sich Informationen einholen, Lösungen kontrollieren	2.2 Shopping-Tour	
Plätze wechseln und dabei Aufgaben lösen	1.9 Plätze tauschen	1.29 Rechenreise
unterschiedliche Arbeitshaltungen beim Lösen von Aufgaben einnehmen	1.32 Verzaubern	

Arithmetik

Thema: **Die natürlichen Zahlen bis 100**

1.1 Stellenwerttafel

Ort: Klassenzimmer, Schulhof
Material: Karten mit zweistelligen Zahlen

Beschreibung: Die Klasse teilt sich in zwei Gruppen (Zehner, Einer). Eine entsprechende Stellenwerttafel wird an die Tafel gezeichnet. Ein Kind bekommt eine Zahlenkarte auf den Rücken geheftet, die es nicht kennt und zeigt diese der Klasse. Nacheinander stellen beide Gruppen die Zehnerzahl und den Einer durch Wiederholen einer Übung dar, z. B. Armkreisen, Hampelmann, Überkreuzbewegungen (eine Hand berührt immer das gegenüberliegende, angehobene Knie).
Das ratende Kind schreibt die Ziffern in die Stellenwerttafel und nennt die Zahl. Anschließend wird mit der Karte auf dem Rücken verglichen.

Variante: Stellenwerttafel auf dem Schulhof aufmalen, Schüler positionieren sich an der richtigen Stelle. (Hildebrand, 2023, S. 58)

Thema: **Die natürlichen Zahlen bis 100**

1.2 Auf dem Zahlenstrahl

Ort: Schulgelände

Material: Zahlenstrahl 0 bis 100 (evtl. Ausschnitt) mit Kreide auf dem Boden oder auf Tapetenrollen aufgezeichnet

Beschreibung: Es bilden sich Paare. Ein Schüler nennt eine Zahl. Der Partner stellt sich auf die entsprechende Stelle des Zahlenstrahls. Anschließend wird gewechselt.

Variante: zum Vorgänger oder Nachfolger einer Zahl laufen

Arithmetik

Thema: **Die natürlichen Zahlen bis 100**

1.3 Wo ist mein Platz?

Ort: Klassenzimmer
Material: fortlaufende Zahlenkarten

Beschreibung: In Gruppen von etwa sieben Schülern bekommt jeder eine ihm unbekannte Zahl auf den Rücken geheftet. Die Kinder gehen rücksichtsvoll und ohne zu sprechen durch den Raum und sollen heraus finden, welche Zahl auf ihrem Rücken steht. Dafür arbeiten sie mit dem Ausschlussverfahren. Auf dem Tafelbild stehen alle Zahlen und können mit dem Namen der Kinder ergänzt werden. Zum Abschluss stellen sie sich der Größe nach nebeneinander auf (beginnend mit der kleinsten/größten Zahl).

Thema: **Die natürlichen Zahlen bis 100**

1.4 Zahlen erfühlen

Ort: Klassenzimmer, Schulhof
Material: Papier, spitze Stifte

Beschreibung: Jeder Schüler malt groß eine Zahl auf dem Blatt Papier vor. Dann drückt er mit einem spitzen Stift die Linien der Zahl aus, so dass Huckel entstehen. Der Partner soll mit geschlossenen Augen die zutreffende Zahl herausfinden.

Variante: Die Blätter mit den Zahlen kann man dann im Klassenzimmer/auf dem Schulhof aushängen und einen Wettbewerb veranstalten, wer mit geschlossenen Augen am meisten Zahlen richtig erraten kann.
(Hildebrand, 2023, S. 62)

Thema: **Die natürlichen Zahlen bis 100**

1.5 Zahlen bilden

Ort: Klassenzimmer
Material: Zahlenkarten (z. B. UNO-Karten)

Beschreibung: Jeder erhält eine Zahlenkarte. Trifft er einen Mitschüler, bilden diese beiden aus ihren Karten die kleinstmögliche (größtmögliche) Zahl. Anschließend werden die Karten getauscht und es wird erneut ein Partner gesucht.

Varianten:

- Die Schüler ziehen vom Stapel jeweils eine Karte. Danach gehen sie rücksichtsvoll durch den Raum. Wenn sie auf einen anderen Mitschüler treffen, vergleichen sie ihre Zahlen. Wer die größere Zahl hat. springt nach oben, wer die kleinere hat, geht in die Hocke. (Hildebrand, 2023, S. 58)
- Auf dem Schulhof werden Stellenwerttafeln aufgezeichnet und die Kinder stellen sich auf die richtige Position.

7
5
8
3

Arithmetik

Thema: **Addieren und Subtrahieren bis 100**

1.6 Rechnen auf dem Zahlenstrahl

Ort: Schulgelände, Schulhaus, Sporthalle

Material: Zahlenstrahl 0 bis 100 (evtl. Ausschnitt) mit Kreide auf dem Boden oder auf Tapetenrolle aufgezeichnet

Beschreibung: Es bilden sich Paare. Ein Kind steht in Höhe eines beliebigen Punktes rechts oder links neben dem Zahlenstrahl. Der Partner nennt von dieser Zahl ausgehend eine Additions- oder Subtraktionsaufgabe. Das Kind am Zahlenstrahl führt entsprechend viele Schritte aus (z. B. bei „43 - 4" vier Schritte rückwärts) und löst die Aufgabe. Beim Überschreiten des Zehners wird um sich selbst gedreht oder in die Luft gesprungen. Anschließend tauschen die Partner ihre Rollen.

Variante: Fortbewegungsart variieren (z. B. hüpfen)

Thema: **Addieren und Subtrahieren bis 100 (später auch Multiplizieren und Dividieren)**

1.7 Kegelspiel

Ort: Klassenzimmer, Schulhof

Material: Kegel (Joghurtbecher, Papprollen o. Ä.), Bälle, Stifte

Beschreibung: Die Klasse teilt sich in Kleingruppen. Jede Gruppe holt sich neun Kegel und einen Ball. Die Kegel werden nicht zu eng aufgestellt. Der erste Spieler rollt die „Kugel" und notiert sich die Anzahl der umgefallenen Kegel. Die anderen Gruppenmitglieder fahren genauso fort. Ist das erste Kind wieder an der Reihe, addiert es die Summe des zweiten zum ersten Wurf usw. Wer hat nach 5 (10) Versuchen die höchste Summe erreicht?

Varianten:

- Die Summen werden von 100 subtrahiert bis die Zahlen 0 oder 50 erreicht sind.
- Die Summe der umgefallenen Kegel wird mit einer vorher festgelegten Zahl multipliziert. Die Schüler vergleichen ihre Produkte, wobei der Mitspieler mit dem größten Produkt dieses einkreist. Wer hat am Ende die meisten gekennzeichneten Zahlen?

Arithmetik

Thema: **Addieren und Subtrahieren bis 100 (später auch Multiplizieren und Dividieren)**

1.8 Häuser bauen

Ort: Klassenzimmer

Material: Rechenhäuser, die aus Haus (Aufgabe) und Dach (Lösung) bestehen (s. unten)

Beschreibung: Aufgaben- und Lösungskarten werden an zwei Orten im Zimmer verteilt. Die Klasse teilt sich in zwei bis drei Gruppen. Auf ein Signal geht der erste Schüler jeder Gruppe los, holt ein Haus, sucht sich dazu das passende Dach und heftet das vollständige Haus an den zugewiesenen Platz seiner Gruppe. Sobald er wieder auf seinem Platz sitzt, ist das nächste Kind an der Reihe. Entdecken Mitspieler bei ihren Vorgängern Fehler, dürfen diese verbessert werden. Welche Gruppe hat die meisten richtig gebildeten Häuser gefunden?

39	66	48	47
17 + 22	39 + 27	73 - 25	88 - 41
74	50	12	18
45 + 29	19 + 31	69 - 57	51 + 33
85	89	19	32
28 + 57	53 + 36	65 - 46	49 - 17
28	99	78	35
13 + 15	36 + 63	90 - 12	67 - 32

Thema: **Addieren und Subtrahieren bis 100 (später auch Multiplizieren und Dividieren)**

1.9 Rechenspaziergang

Ort: Klassenzimmer

Material: pro Schüler ein Blatt mit einer Aufgabe oder einer Lösung

Beschreibung: Zwei Nachbarn schreiben eine Aufgabe mit Lösung groß auf ein Blatt (mindestens A5) und zerschneiden dieses vor dem Gleichheitszeichen. Verdeckt werden die Blätter gemischt. Jedes Kind zieht sich ein Blatt. Damit gehen die Schüler „spazieren". Ziel ist es, möglichst schnell den fehlenden Teil zu finden. Paare, die sich gefunden haben, setzen sich nebeneinander an einen Tisch und legen die vollständige Aufgabe vor sich hin. Das Spiel wird dadurch für die verbleibenden Schüler immer leichter und für den Spielleiter besteht die Möglichkeit der Kontrolle.

Variante: Es finden sich zwei Aufgaben mit dem gleichen Ergebnis.
(Bartl & Bartl, 1992, S. 66)

Thema: **Addieren und Subtrahieren bis 100 (später auch Multiplikation und Division)**

1.10 Plätze tauschen

Ort: Klassenzimmer
Material: Stifte, Papier

Beschreibung: An jedem Zweiertisch steht eine Schülerin auf und geht durch die Klasse. Jedes noch sitzende Kind schreibt eine Aufgabe nach Wahl oder nach Vorgabe des Lehrers auf (z. B. nur Subtraktionsaufgaben bis 100). Wenn es fertig ist, meldet es sich. Nun kommt ein wandernder Schüler und löst die Aufgabe. Das Ergebnis flüstert er seinem Partner zu. Nickt dieser, setzt er sich auf dessen Platz und schreibt die Lösung und seinen Namen hinter die gestellte Aufgabe. Bei einer falschen Antwort muss noch einmal gerechnet werden. Anschließend tauschen die Schüler ihre Rollen.

Variante: Wortgruppen lesen

Arithmetik

Thema: **Addieren und Subtrahieren bis 100 (später auch Multiplizieren und Dividieren)**

1.11 Springrechnen

Ort: Klassenzimmer, Schulhof
Material: Springraster (aufgezeichnet oder mit Teppichfliesen gelegt)

Beschreibung: Die Schüler stehen im Kreis, in dessen Mitte sich ein Springraster befindet (s. unten). Ein Schüler springt eine Aufgabe (Zahl, Operationszeichen, Zahl, „ist gleich“) ab. Der Schüler, der zuerst das richtige Ergebnis nennt, darf die nächste Aufgabe bilden.

Varianten:

- Kleingruppen nach Leistungsvermögen bilden und Größe der Zahlen und Anzahl der Kästchen variieren
- Kettenaufgaben abspringen

29	=	38	17
41	58	26	-
12	+	23	0
9	45	34	54

Arithmetik

Thema: **Addieren und Subtrahieren bis 100 (später auch Multiplizieren und Dividieren)**

1.12 Stille Post

Ort: (Grünes) Klassenzimmer
Material: -

Beschreibung: Zwei Schüler stehen hintereinander. Ein Partner schreibt dem anderen eine Aufgabe auf den Rücken. Dieser nennt die Aufgabe und das Ergebnis. Ist es richtig, werden die Rollen getauscht.

Varianten:

- Auf den Rücken wird ein Ergebnis geschrieben. Zu dieser Zahl wird zu einer vorgegebenen Rechenoperation eine Aufgabe gebildet.
- Die Zahl wird auf eine andere Körperstelle geschrieben (Oberschenkel, Wange, Handinnen- oder Handaußenfläche o. Ä). (Hildebrand, 2023, S. 58)
- Durchführung auch im Grünen Klassenzimmer möglich.

Thema: **Addieren und Subtrahieren bis 100 (später auch Multiplizieren und Dividieren)**

1.13 Mein rechter, rechter Platz ist leer

Ort: Klassenzimmer
Material: Aufgabenkarten (von Schülern selbst hergestellt)

Beschreibung: Alle sitzen im Kreis und halten die Karten für die anderen gut sichtbar hoch. Wer links von einem freien Platz sitzt, sagt: „Mein rechter, rechter Platz ist leer, ich wünsche mir ... (z. B. 22 + 19 = 41) her." Wird das richtige Ergebnis genannt, nickt das Kind mit der betreffenden Karte und wechselt den Platz. Ist das Ergebnis falsch, schüttelt es den Kopf. Der „Wünscher" rechnet noch einmal die Aufgabe. Stimmt das Ergebnis wieder nicht, löst der angesprochene Schüler die Aufgabe und wechselt anschließend den Platz.

Varianten:

- Kleingruppenarbeit
- Bereits gewechselte Schüler legen ihre Aufgabenkarte ab, dürfen noch wünschen, aber nicht mehr herbeigewünscht werden. (Regelein, 1989, S. 76)

Thema: **Addieren und Subtrahieren bis 100 (später auch Multiplizieren und Dividieren)**

1.14 Insellauf

Ort: Schulhof, Sporthalle
Material: mehrere Zettel mit Rechenergebnissen, Klebestreifen

Beschreibung: Der Lehrer überlegt sich Aufgaben, von denen mehrere das gleiche Ergebnis haben. Er schreibt die Ergebnisse jeweils auf ein Blatt und verteilt diese „Inseln" auf dem Schulhof (an einem Baum, Mauer u. Ä.). Anschließend versammeln sich alle Schüler um den Lehrer, der eine Aufgabe nennt. Die Kinder lösen diese und laufen auf ein vereinbartes Signal zur „Insel" mit dem entsprechenden Ergebnis.

Varianten:
- Der Sieger nennt die neue Aufgabe.
- Fortbewegungsart ändern (z. B. auf einem oder beiden Beinen hüpfen, rückwärts laufen)
- Kästchen mit den Ergebnissen auf den Schulhof zeichnen

(Bartl & Bartl, 1992, S. 6)

Thema: **Addieren und Subtrahieren bis 100 (später auch Multiplizieren und Dividieren)**

1.15 Aufgabenkette

Ort: Klassenzimmer

Material: Ball (Zeitungsball, Wollknäuel, Schaumgummiwürfel, Softball)

Beschreibung: Die Klasse steht im Kreis. Der Spielleiter stellt eine Aufgabe und wirft einem Kind den Ball zu. Dieses nennt das Ergebnis und stellt eine neue Aufgabe. Kann ein Schüler eine Aufgabe nicht lösen oder ist das Ergebnis falsch, wirft er den Ball zurück. Derjenige, der die Aufgabe gestellt hat, muss diese selbst ausrechnen.

Varianten:

- mehrere Gruppen bilden
- Die nächste Aufgabe muss immer mit dem Ergebnis der vorherigen beginnen.
- Aufgaben mit mehreren Summanden stellen
- Ball auf unterschiedliche Art und Weise spielen (einarmig links bzw. rechts, mit beiden Armen über den Kopf, durch die Beine, mit dem Kopf), (Hildebrand, 2023, S. 39)

Thema: **Addieren und Subtrahieren bis 100 (später auch Multiplizieren und Dividieren)**

1.16 Gesucht wird ...

Ort: Klassenzimmer
Material: Zahlenkarten (s. unten)

Beschreibung: Alle Schüler gehen rücksichtsvoll durch den Raum. Jeder Mitspieler hält eine Zahlenkarte gut sichtbar vor sich. Der Spielleiter sagt: „Gesucht wird das Ergebnis von ... (z. B. 22 - 10)?" Daraufhin schauen sich alle um und suchen das Kind, auf dessen Karte das Ergebnis (hier: 12) steht. Die Schülerinnen gehen drei Schritte auf dieses zu und zeigen in dessen Richtung. Das gesuchte Kind stellt die nächste Aufgabe.

Variante: Aufgabenkarten an die Schüler verteilen und Lösungen nennen
(Regelein, 1989, S. 58)

99	78	69	81	38	47	55
65	84	45	73	54	31	70
36	52	27	90	67	29	87
41	57	35	79	97	63	31

Arithmetik

Thema: **Addieren und Subtrahieren bis 100 (später auch Multiplizieren und Dividieren)**

1.17 Gruppenbildung

Ort: Klassenzimmer, Schulgelände
Material: -

Beschreibung: Die Kinder gehen frei umher. Der Lehrer nennt eine Aufgabe, welche die Schüler lösen. Die Größe des Ergebnisses bestimmt, wie viel Schüler sich zu einer Gruppe zusammenfinden müssen. Bei „33 - 27" bilden jeweils sechs Schüler einen Kreis und drehen sich. Übriggebliebene Schüler sammeln sich beim Lehrer und kontrollieren die Gruppengröße.

Variante: Die Schüler, die sich gefunden haben, bilden eine Linie und halten sich an den Händen.

GRUPPENBILDUNG

Arithmetik

Thema: **Addieren und Subtrahieren bis 100 (später auch Multiplizieren und Dividieren)**

1.18 Blinde Kuh

Ort: Klassenzimmer

Material: Zahlenkarten (jede Zahl drei- bis vierfach, s. unten)

Beschreibung: Die Kinder stehen mit ihren Zahlenkarten im Kreis. Ein Schüler befindet sich mit geschlossenen Augen in der Mitte. Der Spielleiter nennt eine Aufgabe (z. B. 64 - 17). Die Kinder mit dem dazugehörigen Ergebnis versuchen nun, auf Zehenspitzen, einen neuen Platz einzunehmen, während sich die „Blinde Kuh" bemüht, einen von ihnen zu fangen. Beim Wechseln darf nicht auf den Platz zurückgelaufen werden. Gelingt es der „Blinden Kuh", jemanden zu fangen, tauschen diese Schüler ihre Rollen.

Variante: Die Schülerinnen mit dem richtigen Ergebnis variieren die Plätze, die „Blinde Kuh" errät, wer die Plätze gewechselt hat. (Hildebrand, 2023)

12	26	37	66	78	81
12	26	37	66	78	81
12	26	37	66	78	81
12	26	37	66	78	81

Arithmetik

Thema: **Addieren und Subtrahieren bis 100**

1.19 Hase und Igel

Ort: Klassenzimmer
Material: Rechenstäbchen o. Ä.

Beschreibung: Die Klasse teilt sich in zwei gleich starke Gruppen, die sich jeweils im Kreis aufstellen: Hasen und Igel. Die Igel erhalten Rechenstäbchen. Nach dem Startpfiff gehen die Hasen zu den Igeln und lösen jeder eine von den Igeln genannten Aufgaben. Ist die Antwort richtig, erhält der Hase ein Rechenstäbchen, das er in einen bereitgestellten Korb legt. Hat er sich verrechnet, muss er ohne Stäbchen zu einem anderen Igel. Die eingesammelten Stäbchen werden nach Zeitablauf gezählt. Nun versucht die Igelmannschaft ihr Glück. Am Ende wird der Sieger ermittelt.

Variante: Wettkampf zwischen Kleingruppen in einem abgesprochenen Zeitumfang (Hildebrand, 2023, S. 59)

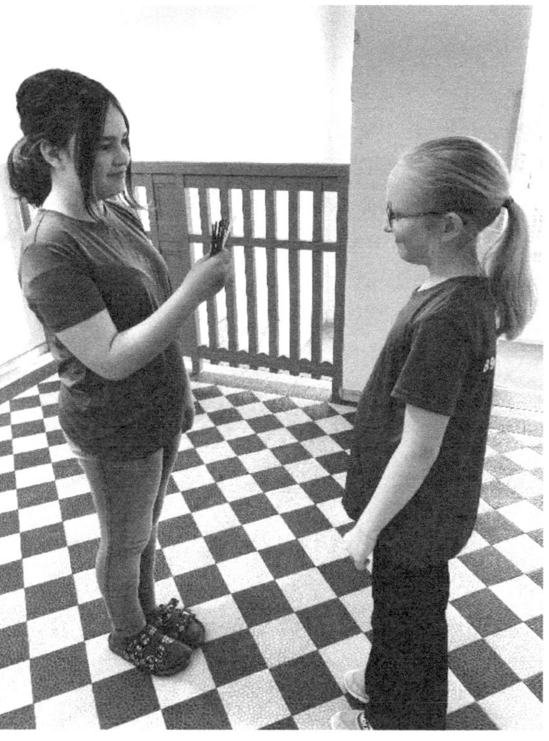

Thema: **Addieren und Subtrahieren bis 100 (später auch Multiplizieren und Dividieren)**

1.20 Dirigent und Orchester

Ort: Klassenzimmer
Material: pro Mannschaft Ziffernkarten von 0 bis 9, Arbeitsblätter mit Aufgaben

Beschreibung: Die Klasse teilt sich in drei bis vier Gruppen (Orchester). Jedes Kind bekommt eine Ziffernkarte von 0 bis 9. Von jeder Mannschaft wird ein „Dirigent" bestimmt, der ein Arbeitsblatt mit Aufgaben erhält. Der Dirigent liest die erste Aufgabe vor. Während sein Orchester diese im Kopf löst, stehen diejenigen Schüler, die eine Zahl aus der Aufgabe auf ihrer Karte haben, auf einem Bein. Kommt eine Zahl mehrmals vor, muss das entsprechende Kind auch noch mit den Armen kreisen. Auf ein Zeichen des Dirigenten stellen sich alle Schüler mit den Ziffernkarten des Ergebnisses in der richtigen Reihenfolge neben ihm auf. Er kontrolliert und liest die nächste Aufgabe vor.
(Kret, 1993, S. 102)

Thema: **Addieren und Subtrahieren bis 100 (später auch Multiplizieren und Dividieren)**

1.21 Flaschenroulette

Ort: Schulhof
Material: Kreide, Stock, Flasche

Beschreibung: Auf dem Schulhof oder im Sand werden mehrere Kreise mit einem Durchmesser von etwa einem Meter aufgemalt. Diese teilt man wie bei einer Torte in unterschiedlich große Stücke und schreibt in jedes Feld eine beliebige Zahl bis 30 (s. unten). Je kleiner das Feld, umso höher die Punktzahl. Sobald der Spielplan fertig ist, nimmt der erste Spieler eine Flasche, legt sie genau in die Mitte des Kreises und dreht diese. Je nachdem in welches Feld die Flasche zeigt, werden dem Schüler entsprechend viele Punkte gutgeschrieben. Diese werden nach drei Versuchen addiert. Wer erreicht die höchste Punktzahl?

Varianten:

- Steinchen werfen
- Zahlen von 100 subtrahieren - Wer erreicht die kleinste Differenz?

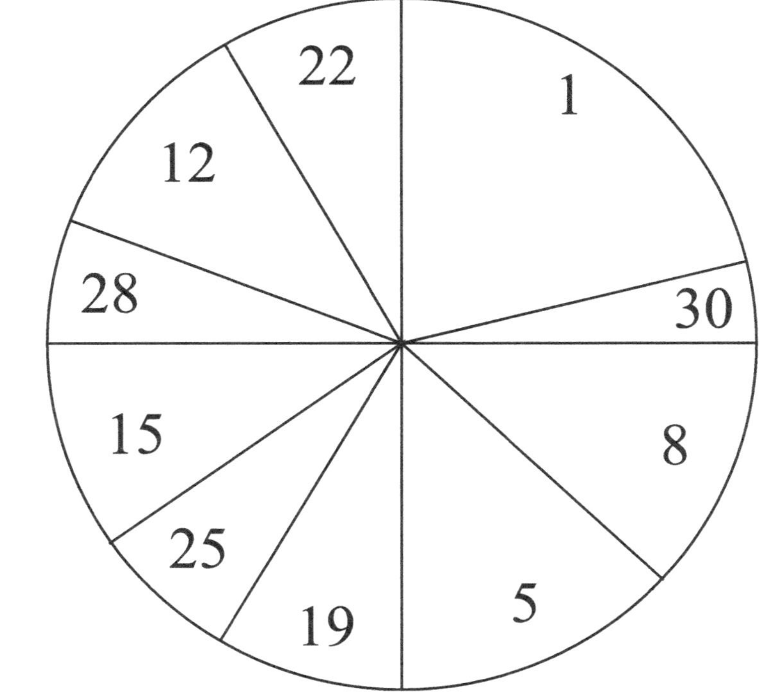
1
30
8
5
19
25
15
28
12
22

Arithmetik

Thema: **Addieren und Subtrahieren bis 100 (später auch Multiplizieren und Dividieren)**

1.22 Zielwurf

Ort: Klassenzimmer, Schulhof

Material: Papprollen (von Toilettenpapier) oder Joghurtbecher, Soft- oder Zeitungsbälle

Beschreibung: Die Klasse teilt sich in Gruppen. Jede Gruppe holt sich zehn Papprollen und beschriftet sie mit Ziffern. Aus diesen bauen sie eine Pyramide. Mit etwas Abstand werfen sie einen Ball (oder mehrere) auf die Pyramide. Addiert werden alle Zahlen der stehen gebliebenen Rollen. Wer erreicht die kleinste Summe?

Varianten:

- Die Zahlen der stehen gebliebenen Rollen werden von 100 subtrahiert. Wer erreicht die größte Differenz?
- Wurfabstände verändern
- Anzahl der Papprollen variieren
- Zahlen verändern
- Dartchampion (s. unten)

Variante: **Dartchampion** (Hildebrand, 2023, S. 62)

Material: Dart- oder Zielscheibe (s. Abbildung), Klettbälle, nasser Schwamm

Beschreibung: Die Kinder werfen in Gruppen auf die Scheiben und die geworfenen Felder werden addiert oder von einer größeren Zahl subtrahiert.

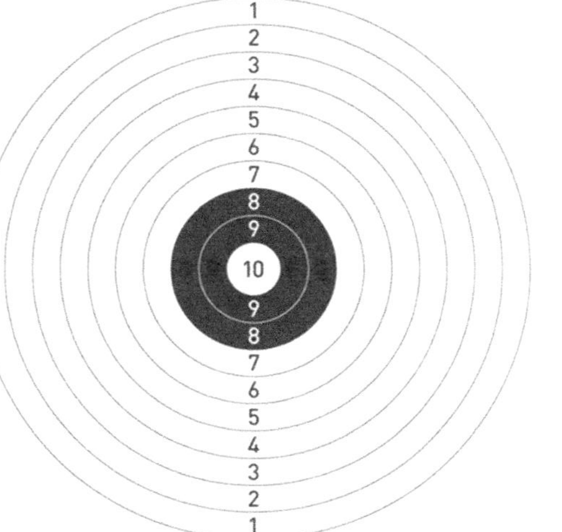

Arithmetik

Thema: **Multiplizieren und Dividieren bis 100**

1.23 Tanzstunde

Ort: Klassenzimmer
Material: Musik

Beschreibung: Paarweise tanzen die Schüler nach Musik. Nach einiger Zeit wird die Musik angehalten und die Anzahl der Paare festgestellt. Durch das Aufstellen der Multiplikationsaufgabe wird ermittelt, wie viele Tänzer sich insgesamt auf der Tanzfläche befinden. In den weiteren Tanzstunden finden sich drei, vier, fünf oder alle Schülerinnen zu jeweils einer Gruppe zusammen.
(Wunderlich, 1995, S. 27)

Thema: **Multiplizieren und Dividieren bis 100**

1.24 Rhythmische Malfolgen

Ort: Klassenzimmer, Schulhaus, Schulhof

Material: -

Beschreibung: Eine Multiplikationsfolge wird genannt. Die Schüler gehen ohne sich zu behindern durch den Raum und sagen zum Rhythmus der Schritte die Folge der natürlichen Zahlen auf. Alle Ergebnisse der vorgegebenen Folge werden durch Klatschen, Schnipsen, einen Stampfschritt o. Ä. hervorgehoben.

Variante: Multiplikationsfolgen rückwärts gehen als auch zählen

Thema: **Multiplizieren und Dividieren bis 100**

1.25 Welche Ecke?

Ort: Klassenzimmer, Schulgelände
Material: Zahlenkarten

Beschreibung: Vier Ecken im Klassenzimmer erhalten jeweils eine Zahl (eventuell aushängen). Die Schülerinnen stehen am Platz. Der Spielleiter nennt Divisionsaufgaben. Auf ein vereinbartes Signal zeigen die Schüler zur Ecke mit der Ergebniszahl.

Varianten:

- Zahlen in den Ecken verändern
- mit geschlossenen Augen
- sich frei im Raum bewegen und auf das richtige Ergebnis zeigen
- Spiel auf im Schulgelände durchführen und Zahlenkarten an Gegenständen aushängen (Hildebrand, 2023, S. 59)

Thema: **Multiplizieren und Dividieren bis 100**

1.26 Wettwanderball

Ort: Klassenzimmer

Material: Bälle (Zeitungs-, Softball, Wollknäuel)

Beschreibung: Die Klasse teilt sich in zwei bzw. drei Gruppen (höchstens elf Schüler pro Mannschaft). Alle Gruppenmitglieder stehen hintereinander. Der jeweils erste Schüler der Gruppe erhält einen Ball. Der Spielleiter gibt eine Multiplikationsfolge vor. Nacheinander werden die Aufgaben und Ergebnisse dieser Folge genannt. Begonnen wird mit „0 × ..." Nach jeder Antwort wird der Ball an den Hintermann über den Kopf weitergereicht. Dieser darf ihn aber nur abnehmen, wenn die Lösung richtig war. Das letzte Kind läuft mit dem Ball nach vorn. Ziel ist es, alle Ergebnisse in der richtigen Reihenfolge anzusagen.

Varianten:

- Ergebnisse rückwärts aufsagen
- den Ball abwechselnd über den Kopf und durch die gegrätschten Beine geben (nach links und rechts weitergeben)

Arithmetik

Thema: **Multiplizieren und Dividieren bis 100**

1.27 Die böse Sieben

Ort: (Grünes) Klassenzimmer
Material: -

Beschreibung: Die Schüler stellen sich zu mehreren Kreisen auf. Es wird die Zahlenfolge von 1 bis 70 (100) aufgesagt. Jede Zahl, die eine Sieben enthält und/oder ein Vielfaches von Sieben ist, wird nicht genannt. Stattdessen werden abgesprochene Bewegungsaufgaben, z. B. eine Drehung oder eine Überkreuzbewegung, ausgeführt.

Varianten:

- andere Multiplikationsfolgen einsetzen
- Schwierigkeitsgrad durch Rückwärtszählen erhöhen
- auch im Grünen Klassenzimmer möglich

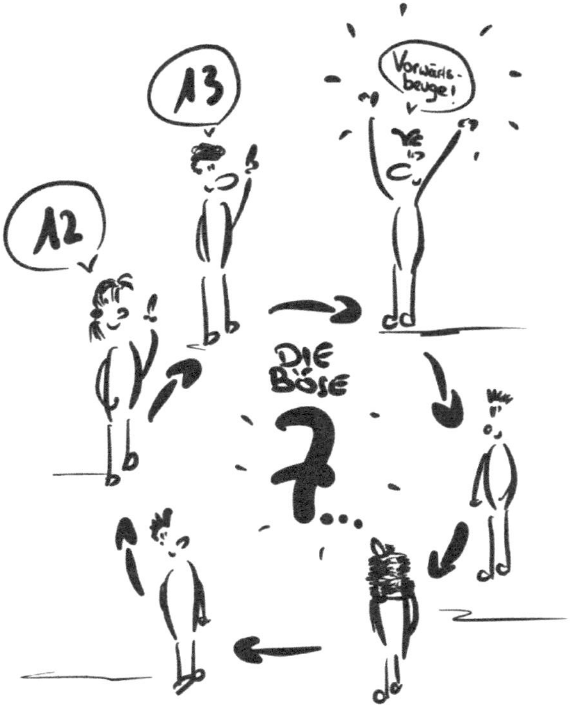
12
13
Vorwärts-
beuge!
DIE
BÖSE
7…

Arithmetik

Thema: **Multiplizieren und Dividieren bis 100**

1.28 Nummernwettlauf

Ort: Klassenzimmer, Schulhof
Material: Ziffernkarten

Beschreibung: Die Klasse teilt sich in drei bis vier Gruppen. In jeder werden die gleichen Ziffernkarten vergeben. Die Lehrkraft nennt eine Divisionsaufgabe, welche die Schüler lösen. Diejenigen, die die Ziffernkarten mit dem Ergebnis besitzen, hüpfen um ihre Gruppe herum.

Variante: andere Bewegungsaufgaben ausführen (Hock-Strecksprünge, um die Gruppe gehen und mit High-Five abklatschen (Hildebrand, 2023, S. 59)

Ziffernkarten

0	1	2	3	4
5	6	7	8	9

Thema: **Multiplizieren und Dividieren bis 100**

1.29 Rechenreise

Ort: Klassenzimmer
Material: Aufgabenkarten

Beschreibung: Auf jedem Platz liegt eine Aufgabenkarte. Auf der Vorderseite steht eine Aufgabe, auf der Rückseite tragen die Schüler eventuell das Ergebnis ein. Die Schülerinnen nehmen ihr Heft und einen Stift. Sie gehen nun rücksichtsvoll und leise im Zimmer auf die Reise. Dabei setzen sie sich immer wieder auf einen anderen Platz, notieren die gestellte Aufgabe, lösen sie und kontrollieren das Ergebnis.

Arithmetik

Thema: **Multiplizieren und Dividieren bis 100**

1.30 Rechnen mit Spielkarten

Ort: Klassenzimmer
Material: Skat- oder UNO-Karten

Beschreibung: Mit einer Spielkarte geht jedes Kind durch den Raum. Es sucht sich einen Partner. Beide multiplizieren die Augen ihrer Spielkarten. Haben beide das gleiche Ergebnis trennen sie sich. Bei unterschiedlichen Lösungen muss neu gerechnet werden.

Variante: Bei richtigem bzw. falschem Ergebnis werden Bewegungsformen ausgeführt, z. B. „Hampelmann“, Hock-Strecksprung

Thema: **Multiplizieren und Dividieren bis 100**

1.31 Zielprellen

Ort: Schulhof
Material: Kreide (Stock), mehrere Bälle

Beschreibung: Fünf bis sieben Linien werden in Abständen (ca. 1 m) parallel zu einer Wand mit Kreide auf dem Asphalt (oder mit einem Stock im Sand) gezogen. Die entstandenen Zonen werden mit beliebigen Zahlen von 0 bis 10 beschriftet. Jedes Kind wirft einmal den Ball gegen die Wand. Die anderen Schüler achten darauf, in welcher Zone der Ball zuerst aufprellt. Diese Zahl wird mit der vorher vereinbarten Zahl multipliziert.
(Mala, 1990, S. 167)

Variante: Partnerarbeit

Thema: **Multiplizieren und Dividieren bis 100**

1.32 Verzaubern

Ort: Schulgelände, Sporthalle
Material: -

Beschreibung: Ähnlich dem Spiel „Steh! - Geh!" werden ein oder mehrere Zauberer ausgeschickt, um möglichst viele Schüler abzuschlagen. Diese bekommen vom Fänger ein Ergebnis einer Multiplikationsaufgabe genannt. Auf dem Boden im Schneidersitz müssen die Verzauberten diese Zahl vor sich hinsagen, bis sich ein „Erlöser" (der in dieser Zeit nicht abgeschlagen werden darf) neben sie setzt und eine dazugehörige Aufgabe nennt.
(Kret, 1993, S. 92)

Arithmetik

Thema: **Multiplizieren und Dividieren bis 100**

1.33 Hüpfspiel

Ort: Schulhof
Material: Kreide, kleine Steinchen

Beschreibung: Das Spiel wird paarweise gespielt. Zuerst wird ein Feld mit zehn Kästchen gezeichnet. In diese werden die Ergebnisse einer Multiplikationsfolge eingetragen. Ein Schüler nennt eine Aufgabe der jeweiligen Multiplikationsfolge, der andere rechnet aus und wirft den Stein in das entsprechende Ergebnisfeld. Der Schüler muss nun in jedes Feld springen, außer in das Feld mit dem Stein. Auf dem Rückweg nimmt er den Stein wieder auf. Sobald der Schüler einen Fehler macht, ist der nächste Spieler an der Reihe.

Thema: **Multiplizieren und Dividieren bis 100**

1.34 Schneller als der Luftballon

Ort: Klassenzimmer
Material: Luftballons

Beschreibung: Jeweils fünf bis sechs Schüler bilden eine Gruppe. Ein Kind schlägt einen Luftballon nach oben, nennt gleichzeitig eine Multiplikations- bzw. Divisionsaufgabe und den Namen des Schülers, das diese Aufgabe lösen soll. Sobald die richtige Lösung genannt wurde, darf der Luftballon gefangen werden. Berührt er den Boden, wenn noch kein oder ein falsches Ergebnis genannt wurde, löst der Aufgabensteller.

Variante: Partnerarbeit

Thema: **Multiplizieren und Dividieren bis 100**

1.35 Einmaleins-Zielwerfen

Ort: Klassenzimmer, Schulhof
Material: Kreide, Reis- oder Erbsensäckchen, Steinchen

Beschreibung: Es werden mehrere Raster mit elf Kästchen auf den Boden gezeichnet (s. unten). In diese werden die Zahlen von 0 bis 10 eingetragen. Kleingruppen von Schülerinnen stehen an einer Linie und werfen z. B. zwei Säckchen so, dass sie in zwei Feldern mit möglichst hohen Zahlen liegen bleiben. Die Zahlen werden miteinander multipliziert. Gewonnen hat das Kind mit dem höchsten Produkt in einer Spielrunde.

Varianten:

- Entfernung variieren
- auf den Schulhof mit Kreide ein Quadrat von 1 m Seitenlänge zeichnen, das in verschiedene Felder unterteilt wird; je größer die Felder sind, umso geringer sollte der Zahlenwert sein

<table>
<tr><td colspan="3">9</td><td colspan="3">10</td></tr>
<tr><td colspan="2">6</td><td colspan="2">7</td><td colspan="2">8</td></tr>
<tr><td colspan="2">3</td><td colspan="2">4</td><td colspan="2">5</td></tr>
<tr><td colspan="2">0</td><td colspan="2">1</td><td colspan="2">2</td></tr>
</table>

<table>
<tr><td colspan="2">8</td><td colspan="2">9</td><td colspan="2">10</td></tr>
<tr><td colspan="2">5</td><td colspan="2">6</td><td colspan="2">7</td></tr>
<tr><td colspan="2">2</td><td colspan="2">3</td><td colspan="2">4</td></tr>
<tr><td colspan="3">0</td><td colspan="3">1</td></tr>
</table>

Thema: **Multiplizieren und Dividieren bis 100**

1.36 Kegelrechnen

Ort: Klassenzimmer, Schulhof, Sporthalle
Material: elf Kegel oder Papprollen, ein Softball

Beschreibung: Das Kegelrechnen wird in Paaren oder Gruppen durchgeführt. Elf Kegel werden mit den Ergebnissen einer Multiplikationsfolge beschriftet und nicht zu eng aufgestellt (s. unten). Der erste Schüler kegelt. Zu den Zahlen der stehen gebliebenen Kegel soll er nun eine dazugehörige Aufgabe bilden. Das nächste Kind beginnt das Spiel von neuem.

Varianten:

- Ergebnisse aus unterschiedlichen Multiplikationsfolgen an die Kegel schreiben und eine passende Aufgabe nennen
- Größenangaben auf die Kegel schreiben, die umgerechnet werden sollen

Ergebnisse Multiplikationsfolge

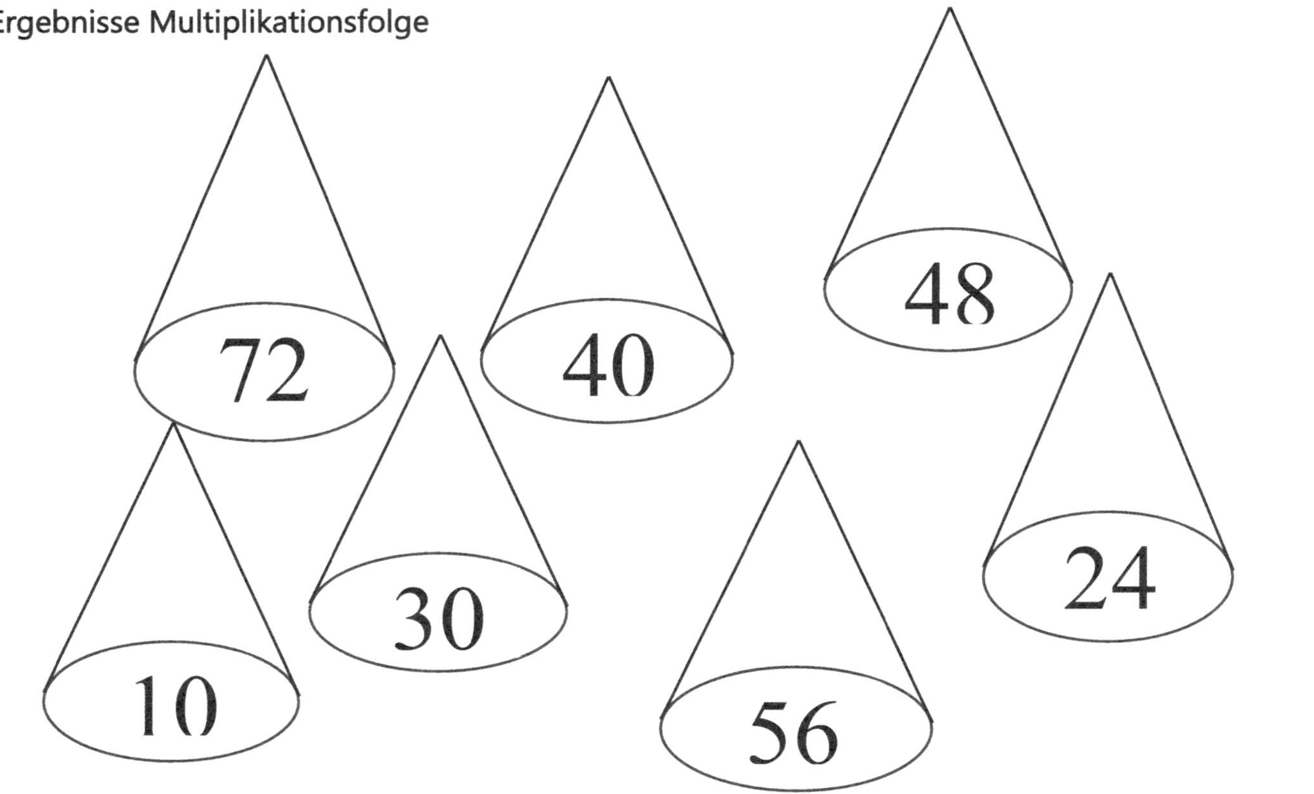

Thema: **Multiplizieren und Dividieren bis 100**

1.37 Treppenrechnen

Ort: Treppenhaus, Klassenzimmer, Schulhof

Material: Karten mit Ergebnissen einer Multiplikationsfolge

Beschreibung: Auf jeder Treppenstufe wird, in der richtigen Reihenfolge, je ein Kärtchen gelegt. Ein Schüler steigt die Stufen hinauf und nennt die Aufgaben der Multiplikationsfolge. Dabei sieht er nicht auf die Kärtchen. Der andere Schüler kontrolliert (evtl. mit Hilfe der Kärtchen). Oben dreht sich der erste Schüler um, steigt die Stufen wieder hinab und sagt die Ergebnisse in umgekehrter Reihenfolge auf. Anschließend wird gewechselt. Sind beide Schüler je einmal die Treppe herauf- und hinabgestiegen, wird jedes zweite Kärtchen umgedreht und die Schülerinnen üben, wie oben beschrieben.

Variante: Treppen abspringen

TREPPENRECHNEN
„28“
4x7
7
14
21
28
35
42

Thema: **Multiplizieren und Dividieren bis 100**

1.38 Gerade oder ungerade?

Ort: Klassenzimmer
Material: Rechenstäbchen, Murmeln o. Ä.

Beschreibung: Die Kinder gehen frei im Raum. Hinter dem Rücken verstecken sie bis zu sechs Rechenstäbchen in einer Faust. Begegnen sich zwei Schüler, streckt einer seine Faust vor und fragt: „Gerade oder ungerade?". Hat der Partner richtig geraten, so gehen beide weiter. Bei einer falschen Antwort muss ein Stäbchen abgegeben werden.

Variante: Beide Schüler decken die Handflächen im gleichen Moment auf. Wer als erstes die richtige Wahl trifft (gerade oder ungerade), bekommt vom anderen ein Stäbchen.

Arithmetik

Thema: **Multiplizieren und Dividieren bis 100**

1.39 Ich bin die gerade Zahl

Ort: (Grünes) Klassenzimmer

Material: -

Beschreibung: Es werden Multiplikations- oder Divisionsaufgaben gestellt. Die Kinder entscheiden, ob das Ergebnis durch 2 teilbar ist. Dann stellen sie sich auf ein Zeichen mit beiden Beinen im Ballenstand, (bei einer ungeraden Zahl in den Einbeinstand).

Varianten:

- Alle stehen auf einem Seil. Ist das Ergebnis gerade, dann springen sie nach rechts bzw. bei ungerade nach links.
- In Dreiergruppe nennt einer eine Aufgabe und kontrolliert. Ist das Ergebnis eine gerade Zahl, führen die beiden anderen zwei Drehungen aus, ist es ungerade turnen sie einen "Hampelmann". (Hildebrand, 2023, S. 62)
- Durchführung auch im Grünen Klassenzimmer möglich.

Arithmetik

Thema: **Multiplizieren und Dividieren bis 100**

1.40 Reise nach links oder rechts

Ort: Klassenzimmer

Material: Aufgaben- und Lösungskarten, Musikanlage

Beschreibung: Von drei Schülern halten zwei je eine Lösungskarte vor sich, der dritte hat die Aufgabenkarte (austauschen). Während die Musik läuft, führen die Kinder in einer Reihe (5-7 Schüler) Bewegungsaufgaben aus („Hampelmann“, einbeinig hüpfen, Trippelschritte). Bei Musikstopp, zeigt der Schüler in der Mitte eine Aufgabe. Die beiden neben ihm heben zwei unterschiedliche Ergebnisse. Die Schülerinnen in der Reihe entscheiden sich für das richtige Ergebnis, indem sie auf ein Zeichen nach links oder rechts aus der Reihe springen bzw. den entsprechenden Arm/Bein in die Vorhalte führen. (s. Abbildung, Hildebrand, 2023, S. 63)

Varianten:
- Schüler stehen, sitzen, liegen (mit geschlossenen Augen)
- Aufgaben und Lösungen evtl. von den Schülern auf Tablets anzeigen

Vor der Aufgabenstellung			Nach der Aufgabenstellung		
Lösung 1	Aufgabe	Lösung 2	Lösung 1	Aufgabe	Lösung 2
	S		S		
	S				S
	S		S		
	S		S		
	S				S
	S				S
	S		S		

Arithmetik

Thema: **Multiplizieren und Dividieren bis 100**

1.41 Tik-Tak-Toe

Ort: Schulhof mit aufgemaltem 3 x 3 Feld für Tik-Tak-Toe

Material: vor dem Feld Aufgabenkarten, farbige Punkte bzw. Leibchen/Hütchen

Beschreibung: Jeweils zwei Teams treten gegeneinander an und laufen gleichzeitig zu den Aufgabenkarten. Wer die Aufgabe richtig löst (Kontrolle durch Schüler mit Lösungskarte), darf ein Leibchen ins Feld legen. Welches Team schafft es nach den bekannten T-Regeln zuerst eine Reihe, Linie oder Diagonale zu legen? (Hildebrand, 2023, S. 63)

Varianten:

- Rechenart ändern
- evtl. auf Tablets Auswahl von Aufgaben anbieten
- Position Schüler wechseln
- Hindernisse auf dem Weg einbauen

Startlinie

SchülerIn mit Lösungen

S

Hindernis

Aufgabenbox

S S S S S S S S

A

S S S S S S S S

A

S

Leibchen/Hütchen

(Hildebrand, 2023)

Größen

Thema: **Geld**

2.1 Verborgene Münzen

Ort: Klassenzimmer
Material: verschiedene Münzen (1 Cent, 2 Cent, 5 Cent, 10 Cent, 20 Cent, 50 Cent, 1 €, 2 €)

Beschreibung: Die Klasse teilt sich in mehrere Kleingruppen, die jeweils in einer Reihe mit den Händen auf den Rücken stehen. Das letzte Kind erhält eine Münze. Es versucht, den Wert hinter dem Rücken zu ertasten, kontrolliert seine Vermutung und gibt die Münze an den Vordermann weiter. Die Beträge der einzelnen Münzen werden von jeder Schülerin addiert und anschließend die Beträge verglichen.
(Mala, 1990, S. 207)

Thema: **Geld**

2.2 Shopping-Tour

Ort: Klassenzimmer

Material: Bilder von Gegenständen (im Zimmer ausliegend), verschiedene Münzen (1 Cent, 2 Cent, 5 Cent, 10 Cent, 20 Cent, 50 Cent, 1 €, 2 €)

Beschreibung: Die Schüler bilden Gruppen, die in Reihen nebeneinander stehen. Den Vorderleuten wird ein Bild gezeigt und deren Preis genannt. Diese Schüler laufen los und suchen sich die passenden Geldmünzen und stellen sich neben das Bild. Wenn alle durch sind, vergleichen sie, wer die richtigen Geldbeträge in der Hand hält.
(Hildebrand, 2023, S. 64)

Varianten:

- Bilder von Gegenständen werden aus einem Stapel gezogen
- Preise verdoppeln oder verdreifachen
- Wechselgeld holen
- Gegenstände und Preise auf Tablets anzeigen

Größen

Thema: **Längen**

2.3 Messen - einmal anders

Ort: Klassenzimmer. Schulhof, Sporthalle
Material: -

Beschreibung: Die Kinder arbeiten paarweise oder in Kleingruppen zusammen. Mit Körperteilen wie Handbreite, Handspanne, Unterarmlänge, Fußlänge („Kaffeebohnen"), Fußbreite messen sie Gegenstände aus und vergleichen.

Varianten:

- Dinge auf dem Schulhof oder in der Sporthalle messen
- messen mit "alten Maßen" (wie Fuß, Elle oder Daumenbreite), Ergebnisse notieren und feststellen, dass alle Längen unterschiedlich sind (daher Notwendigkeit für einheitliche Maße (Meter, Zentimeter)
- Messungen in digitalen Tabellen festhalten, anschließend vergleichen und auswerten (Hildebrand, 2023, S. 60)

Thema: **Längen**

2.4 Gegenstand finden

Ort: Klassenzimmer
Material: (Tafellineal)

Beschreibung: Die Schülerinnen sitzen zunächst auf ihren umgedrehten Stühlen. Der Spielleiter nennt eine Länge (z. B. 10 cm, 3 cm, 1 m ...). Daraufhin gehen die Schüler im Raum umher und suchen einen Gegenstand mit der vorgegebenen Länge. Diesen fasst der Schüler an den Enden an, so dass er die Länge spürt. Entweder kontrolliert der Spielleiter oder er zeichnet eine Strecke mit der geforderten Länge an die Tafel, anhand derer die Schüler selbstständig vergleichen.

Varianten: Schüler suchen auf dem Schulhof nach Gegenständen in der vorgegebenen Länge.

Thema: **Längen**

2.5 (Ver-)Schätzen

Ort: Klassenzimmer, Schulhof
Material: Bandmaß

Beschreibung: Die Kinder stellen sich nebeneinander an einer Linie auf. Der Spielleiter gibt eine Strecke vor, z. B. drei Meter, die die Schüler möglichst genau abgehen sollen. Wer meint, genau 3 m von der Ausgangslinie entfernt zu sein, bleibt stehen. Der Spielleiter ermittelt mit dem Bandmaß die genaue Strecke. Wer am genauesten geschätzt hat, darf eine neue Entfernung vorgeben.

Varianten:

- Schlusssprünge oder Einbeinsprünge
- einen Stein genau 5 m weit werfen
- Gruppen- oder Partnerarbeit

(Bartl & Bartl, 1992, S. 13)

Thema: **Zeit**

2.6 Zeitlupe - Zeitraffer

Ort: Klassenzimmer, Schulgelände, Sporthalle
Material: -

Beschreibung: Die Schüler stellen sich Filmaufnahmen vor und spielen diese paarweise im Zeitlupen- und Zeitraffertempo. Sie einigen sich auf eine Bewegung (Drehungen, Einbeinsprünge, Überkreuzbewegungen u. a.). Eine SchülerIn übt im Zeitlupentempo. Wie viele gleiche Übungen schafft der Partner in dieser Zeit im Zeitraffer?

Variante: Videoaufnahmen von den Bewegungsausführungen erstellen und diese der Klasse präsentieren (Stop-Motion)

Thema: **Zeit**

2.7 Zeit erleben

Ort: Klassenzimmer
Material: Uhr

Beschreibung: Der Spielleiter wählt zwei für die Schüler unbekannte Zeitspannen aus, in denen sich die Kinder bewegen. Anschließend entscheiden sie sich, welche Zeitspanne die kürzere und längere war und versuchen, beide zu schätzen.

Variante: Gleiche Zeitspannen wählen, z. B. eine Minute. Zuerst eine Minute lang Bewegungsaufgaben ausführen, dann eine Minute lang verharre. Welche Zeitspanne erscheint kürzer?

Thema: **Zeit**

2.8 Zeitspannen

Ort: Klassenzimmer
Material: Uhr

Beschreibung: Der Spielleiter gibt eine Zeitspanne vor, z. B. eine Minute. Die Schülerinnen bewegen sich beliebig durch den Raum. Wer denkt, dass die Zeit vorbei ist, verharrt. Sieger ist, wer der exakten Zeit am nächsten kommt.

Varianten:

- Kleingruppenarbeit
- mit unterschiedlichen Bewegungsformen
- in Kleingruppen stoppt je ein Kind die Zeiten der anderen mit seinem Smartphone oder einem Tablet (Hildebrand, 2023, S. 60)

Thema: **Zeit**

2.9 Wie lange dauert ...?

Ort: Klassenzimmer
Material: -

Beschreibung: Zwei Schüler führen nacheinander eine gleiche Bewegung (mit „Kaffeebohnen" eine bestimmte Wegstrecke zurücklegen; fünfmal um den Tisch laufen; einen Ball zehnmal mit der rechten oder linken Hand gegen eine Wand werfen und mit beiden Händen wieder fangen) aus. Die anderen Schüler messen durch gleichmäßige Bewegungen (Gehen am Ort, Federn, Klatschen u. a.) die benötigte Zeit. Anschließend wird verglichen und die Notwendigkeit einer einheitlichen Zeitmessung verdeutlicht.

Thema: **Zeit**

2.10 Uhrzeiger

Ort: Klassenzimmer
Material: Teppichfliesen

Beschreibung: Die Schülerinnen stehen auf einer Teppichfliese. Ihre Füße sind die Uhrzeiger und zeigen an, zu welcher Zeit bestimmte Tätigkeiten, die der Spielleiter oder Partner benennt, ausgeführt werden.

Varianten:

- sich auf Zeitungen stellen (Schuhe ausziehen)
- Im Schulgelände legen sich zwei Schüler auf eine Decke und zeigen mit ihren Körpern eine Uhrzeit an. Die anderen versuchen, die Uhrzeit zu bestimmen.
- In Kleingruppen werden mit den eigenen Körpern Uhrzeiten gelegt und fotografiert. Andere Schülergruppen lesen die Zeiten ab. (Hildebrand, 2023, S. 61)

Thema: **Zeit**

2.11 Pass auf, wie spät es ist!

Ort: Klassenzimmer
Material: Karten mit verschiedenen Uhrzeiten (s. unten)

Beschreibung: Jedes Kind zieht einen Zettel. Der Lehrer stellt an einer großen Uhr eine Zeit ein. Stimmt diese Zeit mit dem Zettel überein, kommt das betreffende Kind nach vorn und zeigt den anderen Schülern pantomimisch, was es zu dieser Zeit tut, z. B. essen, schlafen, schreiben (Hausaufgaben, Schule), lesen usw. Die anderen Kinder dürfen raten und anschließend die Bewegungen selbst ausführen.

3.00 Uhr	5.00 Uhr	6.00 Uhr	7.45 Uhr
8.30 Uhr	9.00 Uhr	10.30 Uhr	11.15 Uhr
12.30 Uhr	13.00 Uhr	14.30 Uhr	15.00 Uhr
16.00 Uhr	17.30 Uhr	18.15 Uhr	19.30 Uhr
20.15 Uhr	21.00 Uhr	22.15 Uhr	23.00 Uhr

Größen

Thema: **Zeit**

2.12 Uhrenvergleich

Ort: Klassenzimmer, Schulhaus, Schulhof
Material: evtl. Kreide, Karten mit Uhrzeiten (s. unten)

Beschreibung: Jeweils zwei Schüler malen mit Stöckchen auf den Schulhof (bei Asphalt mit Kreide) ein Ziffernblatt und schreiben auf zwei Kärtchen die beiden dazugehörigen Uhrzeiten (7.10 Uhr, 19.10 Uhr). Die Karten werden verdeckt auf eine Unterlage gelegt. Ein Kind zieht eine Karte und geht zu dem entsprechenden Ziffernblatt. Der Partner kontrolliert.
Anschließend wird gewechselt.
(Regelein, 1989, S. 60)

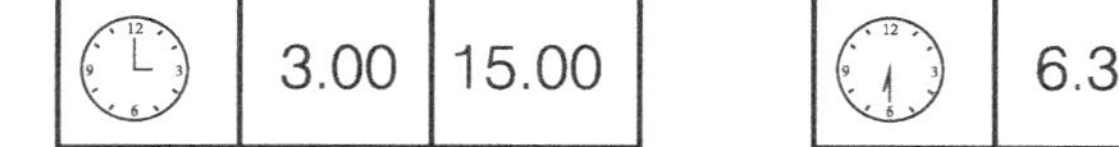	3.00	15.00		6.30	18.30
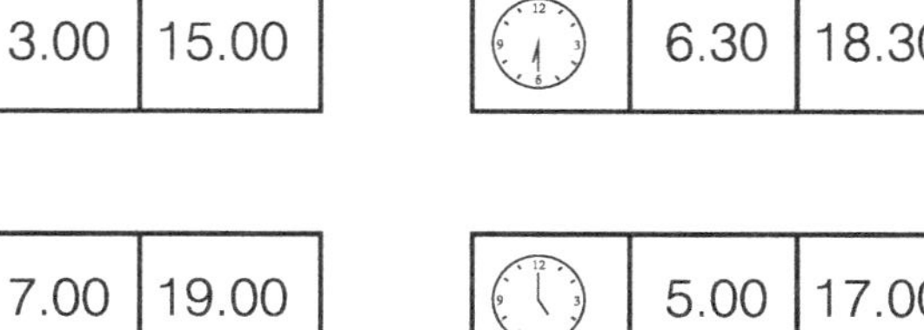	7.00	19.00		5.00	17.00
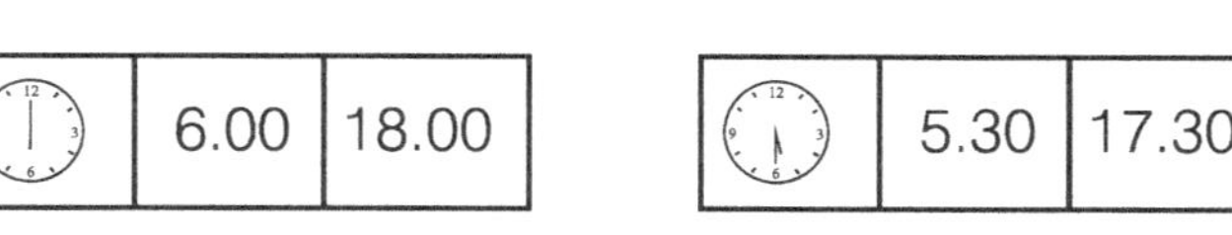	6.00	18.00		5.30	17.30
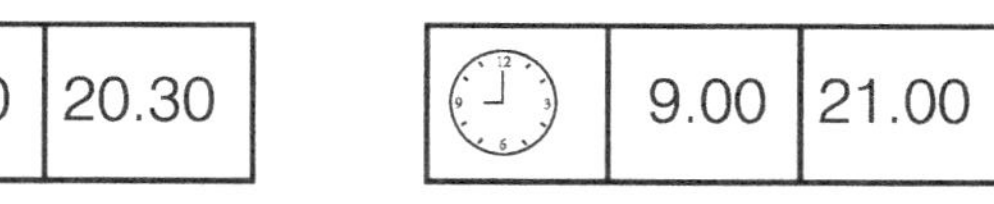	8.30	20.30		9.00	21.00
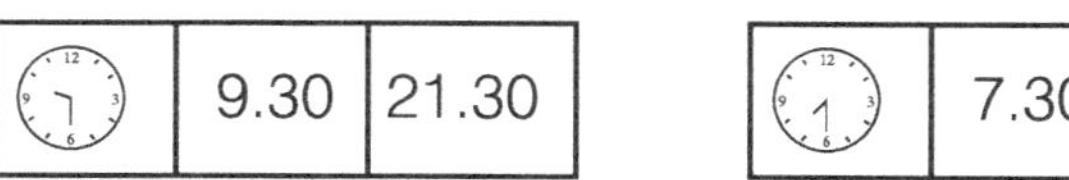	9.30	21.30		7.30	19.30

Geometrie

Thema: **Entdecken, Benennen und Darstellen geometrischer Figuren**

3.1 Figuren suchen

Ort: Klassenzimmer, Schulgelände
Material: Smartphones

Beschreibung: Die Kinder stehen um den Spielleiter. Dieser nennt eine ebene geometrische Figur, z. B. Kreis. Die Schüler gehen zu Dingen in ihrer Umgebung und berühren eine entsprechende Fläche.

Variante: die Flächen fotografieren und präsentieren

Thema: **Entdecken, Benennen und Darstellen geometrischer Figuren**

3.2 Figuren tasten

Ort: Klassenzimmer
Material: pro Paar ein Sprungseil

Beschreibung: Es finden sich zwei bis drei Schüler zusammen. Ein Partner schließt die Augen. Anschließend wird mit dem Seil eine geometrische Figur gelegt. Das Kind mit den geschlossenen Augen ertastet mit den Händen oder den Füßen (ohne Schuhe), um welche Figur es sich handelt. Anschließend tauschen die Schülerinnen ihre Rollen.

Variante: Figuren ertasten, die mit anderen Materialien gelegt werden

Geometrie

Thema: **Entdecken, Benennen und Darstellen geometrischer Figuren**

3.3 Figuren bilden

Ort: Klassenzimmer, Schulhaus, Schulhof
Material: für zwei Schüler einen Gummi (Strick)

Beschreibung: Immer zwei Schülerinnen bekommen die Aufgabe, eine geometrische Figur darzustellen, indem sie einen Gummi entsprechend mit ihren Händen aufspannen.

Varianten:

- Jeder Schüler erhält einen kurzen Gummi und stellt mit Hilfe der Finger geometrische Figuren dar.
- Ein Kind nimmt entsprechend der bekannten „Fadenspiele" mit den Händen Fäden auf, lässt einzelne fallen usw. Der Partner sucht in den entstandenen Formen geometrische Figuren.
- „Fadenspiele" zu zweit
- Die Schüler bilden in Kleingruppen mit ihren Armen geometrische Figuren.
- Die gesamte Klasse stellt sich zu einer geometrischen Figur auf.

FIGUREN BILDEN

Geometrie

Thema: **Symmetrie**

3.4 Spiegeläffchen

Ort: Klassenzimmer

Material: -

Beschreibung: Jeweils zwei Schüler stehen sich gegenüber. Ein Partner beginnt verschiedene Bewegungen (z. B. auf einem Bein stehen, Arme seitwärts heben) auszuführen, die der andere spiegelbildlich nachahmt. Anschließend wird gewechselt.

Variante: Bewegungen nicht nur am Ort, sondern auch in der Fortbewegung (gehen, laufen, hüpfen, springen) ausführen

Thema: **Symmetrie**

3.5 Spiegelfiguren

Ort: Klassenzimmer, Schulhof
Material: -

Beschreibung: Jeweils zwei Kinder finden sich zusammen. Ein Partner denkt sich eine spiegelsymmetrische Figur aus und geht einen Teil ab. Der andere Schüler versucht diese Figur zu ergänzen. Anschließend wird gewechselt.

Variante: Figur mit „Kaffeebohnen" abgehen

Daten, Wahrscheinlichkeit, Kombinatorik

Thema: **Daten erfassen**

4.1 Büchsen werfen

Ort: Klassenzimmer, Schulgelände
Material: Büchsen, Bälle/Sandsäckchen o. Ä.

Beschreibung: Die Schüler bilden Gruppen und werfen mit einem Ball auf Büchsen, die in Pyramidenform aufgestellt sind.
Nach jedem Wurf wird die getroffene Anzahl in eine Tabelle eingetragen (s. unten).

Varianten:

- Distanz und Anzahl der Büchsen verändern
- unterschiedliche Wurfgeräte verwenden
- beim Blick auf die Straße Autos zählen (nach Farben)
- beim Würfeln die Augenzahlen bzw. beim Hochwerfen von Lego-Steinen auf unterschiedliche Seiten tabellarisch festhalten
  (Hildebrand, 2023, S. 64)

Tabelle: Anzahl der Treffer

Würfe	Wurf 1	Wurf 2	Wurf 3	Gesamttreffer
Treffer				

Daten, Wahrscheinlichkeit, Kombinatorik

Thema: **Daten erfassen**

4.2 Punktewurf

Ort: Klassenzimmer, Schulgelände
Material: Bälle/Sandsäckchen o. Ä., unterschiedliche Gefäße

Beschreibung: In Kleingruppen versucht jeder mit einem Ball in ein Gefäß zu werfen. Die Gefäße haben aufgrund ihrer verschiedenartigen Größe und Entfernung eine unterschiedliche Punktzahl. Jeder Schüler darf sechsmal werfen. Die Punkte werden nach jedem Wurf in eine Tabelle geschrieben und am Ende ausgewertet.

Varianten:

- Gefäße variieren
- unterschiedliche Wurfgeräte verwenden
- Punktverteilung verändern, ggf. dem bekannten Zahlenraum anpassen
- Ergebnisse in einer digitalen Tabelle festhalten und in andere Darstellungen umwandeln (Diagramme, Strichlisten u. a.)

(Hildebrand, 2023, S. 65)

Tabelle: Anzahl der Punkte

Gefäße	Mülleimer (10 Punkte)	Box (20 Punkte)	Becher (30 Punkte)	**Gesamtpunktzahl**
Punkte				

Daten, Wahrscheinlichkeit, Kombinatorik

Thema: **Kombinatorik**

4.3 Anordnen

Ort: Klassenzimmer, Schulgelände
Material: Bälle/Sandsäckchen o. Ä., unterschiedliche Gefäße

Beschreibung: Einem Kind der Kleingruppe wird die Spielleitung übertragen. Die anderen stehen an einer Linie. Der Spielleiter hat die Aufgabe, die Schüler an der Linie so oft umzustellen, dass die Anordnung jedes Mal verschieden ist. Wie viele Möglichkeiten der Anordnungen gibt es?

Varianten:

- Alle gehen einzeln oder als Paar durch eine imaginäre Tür/über ein Seil/über den Schulhof. Dabei zählen und notieren sie die Anzahl der möglichen Reihenfolgen.
- mit Ziffernkarten versehen, ermittelt die Gruppe die Anzahl der möglichen Anordnungen
- Sprungkombi (s. unten)
  (Hildebrand, 2023, S. 65)

Sprungkombi

Auf dem Schulhof malen die Schüler mit Kreide Kreise und Vierecke mit Ziffern darin auf. Nun gibt ein Schüler eine Kombination von Ziffern vor, die der andere Schüler abspringen. (Hildebrand, 2023)

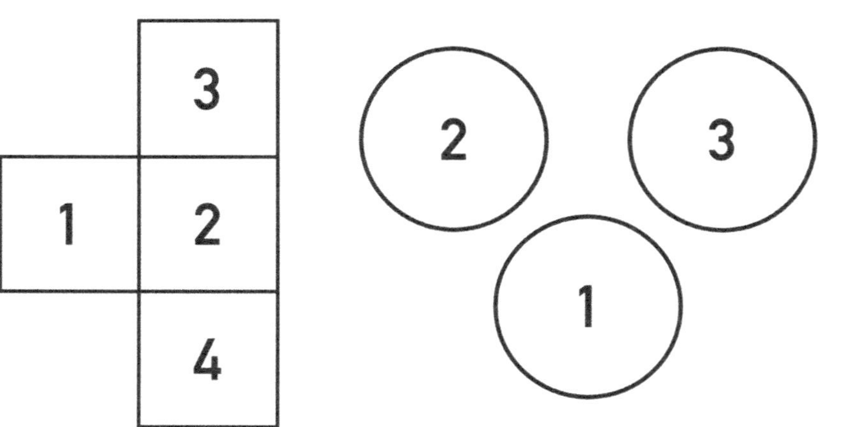

Bewegtes Lernen in Klasse 2

Didaktisch-methodische Anregungen

für Deutsch

1 Lesen

Entwickl. von Lesekompetenz

1.1 Hüpfspiel
1.2 An der Litfasäule
1.3 Detektiv-Spiel
1.4 Lesen – nicht nur im Sitzen

Arbeit mit Texten

1.5 Gedichte darstellen
1.6 Märchenrätsel

Darstellendes Spiel

1.7 Rätselraten
1.8 Puppentheater

2 Schreiben

Schreiben von Wörtern und Sätzen

2.1 Wörtermaler
2.2 Schreiben, einmal anders
2.3 Mit dem Ball „nachschreiben"
2.4 Schreiben mit geschl. Augen

3 Rechtschreibung

Richtiges Schreiben ...

3.1 Laufende Buchstaben
3.2 Worthüpfen
3.3 Wanderdiktat
3.4 Platzwechsel
3.5 Hüpfende Silben
3.6 Wer ist mein Partner?
3.7 Wie viele Silben hat mein Name?
3.8 Mutter, zu wem darf ich ...?

Einführung in den Gebrauch des Wörterbuches

3.9 ABC-Kreis
3.10 Buchstabenreihe
3.11 ABC
3.12 Stummes Ordnen
3.13 ABC-Tätigkeiten
3.14 Ordnungsstaffel
3.15 Namen ordnen
3.16 Bilderordnung

4 Sprachbetrachtung

Wortarten und ihre Aufgaben

4.1 Verben-Pantomime
4.2 Verben-Stopp
4.3 Substantiv oder Verb?
4.4 Begrüßung
4.5 Wortarten-Ecken
4.6 Verb, Substantiv, Adjektiv
4.7 Wörterbuch

Bau und Funktion von Sätzen

4.8 Tu es!
4.9 Satzschlusszeichen
4.10 Schatzsuche

Wortbildung und Wortbedeutung

4.11 Wortspiele
4.12 Wörterwurm

5 Mündlicher und schriftlicher Sprachgebrauch

Erzählen und Zuhören, Gespräche führen

5.1 Ebbe und Flut
5.2 Die Maus und der Elefant
5.3 Märchen erzählen
5.4 Handpuppenspiel

Inform. geben und aufnehmen

5.5 Bildbeschreibung in Staffeln
5.6 Einkaufszettel
5.7 Spiele für die Pause
5.8 Eine Bibliothek erkunden

Zuordnung von Beispielen

Zusätzlicher Informationszugang	**Beispiele**	
Sprache über Bewegung/über den Körper *wahrnehmen, erleben*	2.1 Wörtermaler 2.2 Schreiben – einmal anders	2.3 Mit dem Ball „nachschreiben" 2.4 Schreiben mit geschl. Augen
sprachl. Strukturen über Bewegung *empfinden*	4.5 Wortarten-Ecken	
Sprache über Bewegung *erfahren, begreifen*	3.2 Worthüpfen 3.5 Hüpfende Silben	3.11 ABC 3.14 Ordnungsstaffel 3.15 Namen ordnen
Rechtschreib- oder Grammatikentscheidungen durch Bewegung *mitteilen*, pantomimisch Wortbedeutungen, Erlebnisse *ausdrücken*	1.7 Rätselraten 3.7 Wie viele Silben ... 3.8 Mutter zu wem darf ... 3.13 ABC-Tätigkeiten 4.1 Verben-Pantomime	4.2 Verben-Stopp 4.8 Tu es! 4.9 Satzschlusszeichen 5.1 Ebbe und Flut
Sprache über Bewegung *szenisch darstellen*	1.5 Gedichte darstellen 1.6 Märchenrätsel 1.8 Puppentheater	3.10 Buchstabenreihe 4.4 Begrüßung 5.2 Die Maus und der Elefant 5.4 Handpuppenspiel
Bewegungsvorhaben *formen, gestalten*	5.7 Spiele für die Pause	
bei Unterrichtsgängen Sprache *erkunden*	5.8 Eine Bibliothek erkunden	

Optimierung der Informationsverarbeitung	Beispiele
mit Bewegung Zustimmung oder Ablehnung zu ... signalisieren	4.3 Substantiv oder Verb?
beim (Zu-)Werfen eines Balles o. Ä. Wortmaterial bilden und ordnen	3.9 ABC-Kreis 4.6 Verb, Substantiv, Adjektiv 4.7 Wörterbuch 4.12 Wörterwurm 5.3 Märchen erzählen
beim Gehen (durch den Raum) - Aufgaben lösen	1.1 Hüpfspiel 1.3 Detektiv-Spiel 3.1 Laufende Buchstaben 3.6 Wer ist mein Partner? 3.12 Stummes Ordnen 4.10 Schatzsuche 4.11 Wortspiele 5.5 Bildbeschreibung in Staffeln 5.6 Einkaufszettel
- sich Informationen einholen	1.2 An der Litfasäule
- sich das Schriftbild einprägen und am Platz aufschreiben	3.3 Wanderdiktat
Plätze wechseln und dabei den Wortschatz festigen	3.4 Platzwechsel 3.16 Bilderordnung
unterschiedliche Arbeitshaltungen beim Lesen und Schreiben einnehmen	1.4 Lesen – nicht nur im Sitzen

Lesen

Thema: **Entwicklung von Lesekompetenz**

1.1 Hüpfspiel

Ort: Schulhof
Material: Kreide

Beschreibung: Jeder Schüler schreibt ein Wort aus dem Orientierungswortschatz auf den Schulhof. Anschließend finden sich Paare zusammen. Ein Partner gibt folgende Anweisungen: „Hüpfe vom Wort ... zum Wort ...!" Auf diesem Feld werden die Rollen getauscht.

Varianten:

- Wörter in Silben zerlegen
- mit möglichst wenigen Sprüngen zum nächsten Wort gelangen

Thema: **Entwicklung von Lesekompetenz**

1.2 An der Litfasäule

Ort: Klassenzimmer
Material: kurze Texte aus Kinderzeitschriften

Beschreibung: Mehrere Texte aus Kinderzeitschriften werden in zwei Hälften zerschnitten und im Zimmer verteilt angebracht. Die Kinder gehen durch den Raum, lesen einen beliebigen Text und suchen den Textanfang oder die Fortsetzung. Anschließend werden die Texte nacherzählt.

Variante: Witze zerschneiden und auslegen

Lesen

Thema: **Entwicklung von Lesekompetenz**

1.3 Detektiv-Spiel

Ort: Klassenzimmer
Material: Wortkarten (zum Umhängen, eventuell in mehreren Farben), (s. unten)

Beschreibung: Jedes Kind bekommt von einem anderen Schüler eine Wortkarte auf den Rücken gehängt. Es weiß nicht, welches Wort darauf steht. Die gleichen Wörter werden an die Tafel geschrieben. Die Schülerinnen gehen im Raum umher und müssen versuchen, herauszufinden, welches Wort auf ihrem Rücken steht. Das soll nicht durch Reden oder Zeigen geschehen, sondern durch Lesen der anderen Wörter. Wer denkt, dass er sein Wort kennt, schreibt hinter „sein" Wort an der Tafel seinen Namen und setzt sich. Sitzen alle, wird ausgewertet.

Variante: zusätzlich Wortarten bestimmen

iele für Wortkarten

Substantive	Verben	Adjektive
Mama	spielen	schön
Papa	malen	hoch
Oma	gehen	klein
Opa	lesen	groß
Bild	essen	lieb
Schule	schimpfen	böse
Stift	trinken	süß
Heft	üben	bunt
Kind	rennen	kariert
Stuhl	fangen	leise
Tisch	sitzen	laut
Schere	schreiben	langsam

(Hoyningen-Huene v., 2023, S. 58)

Thema: **Lesehaltung**

1.4 Lesen - nicht nur im Sitzen

Ort: (Grünes) Klassenzimmer

Material: -

Beschreibung: Die Kinder probieren unterschiedliche Haltungen beim Lesen aus (s. Abbildung). Sie tauschen sich darüber aus, welche Unterschiede sie vor allem im Rücken empfinden. Die Schüler werden angehalten, unterschiedliche Haltungen beim Lesen in der Schule und zu Hause anzuwenden.

Variante: nach unterschiedlichen Lesehaltungen im Grünen Klassenzimmer suchen

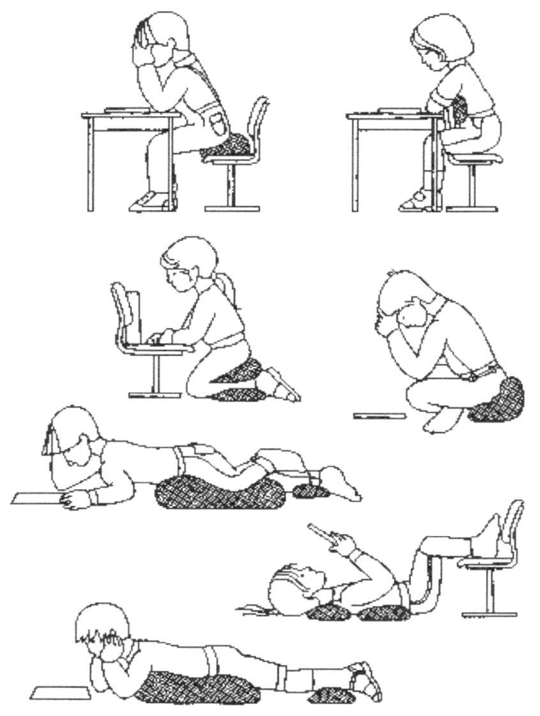

Lesen

Thema: **Arbeit mit Texten**

1.5 Gedichte darstellen

Ort: Klassenzimmer
Material: -

Beschreibung: Beim Auswendiglernen von Gedichten können Bewegungen helfen.

Die Tulpe	
Dunkel war alles und Nacht.	*Augen zuhalten*
In der Erde tief die Zwiebel schlief, die braune.	*Hinhocken und schlafen*
Was ist das für ein Gemunkel,	*Hand an ein Ohr halten und lauschen*
was ist das für ein Geraune,	
dachte die Zwiebel, plötzlich erwacht.	*Finger an die Stirn tippen*
Was singen die Vögel da droben	*Augen reiben und aufstehen*
und jauchzen und toben?	*nach oben umherschauen*
Von der Neugier gepackt, hat die Zwiebel einen langen Hals gemacht	*einen langen Hals machen*
und um sich geblickt mit einem hübschen Tulpengesicht.	*eine Hand an die Stirn halten und umherschauen*
Da hat ihr der Frühling entgegengelacht.	*sich freuen ...*
(Guggemos, 1966)	*... und tanzen*

Weitere Gedicht, die sich gut in Bewegung umsetzen lassen

Herbstgedicht

Langsam fällt jetzt Blatt für Blatt
von den bunten Bäumen ab.

Jeder Weg ist dicht besät
und es raschelt, wenn man geht.

Bunte Blätter fall'n vom Baum,
schweben sacht, man hört es kaum.

Plötzlich trägt der Wind sie fort,
wirbelt sie von Ort zu Ort.

Wie sie flattern, wie sie fliegen,
sinken und am Boden liegen.
(Hölderlin. 1995)

Die Vögel warten im Winter vor dem Fenster

Ich bin der Sperling.
Kinder, ich bin am Ende.
Und ich rief euch immer im vergangenen Jahr,
wenn der Rabe wieder im Salatbeet war.
Bitte um eine kleine Spende.
    Sperling, komm nach vorn.
    Sperling, hier ist dein Korn.
    Und besten Dank für die Arbeit!
Ich bin der Buntspecht.
Kinder, ich bin am Ende.
Und ich hämmere die ganze Sommerzeit,
all das Ungeziefer schaffe ich beiseit.
Bitte um eine kleine Spende.
    Buntspecht, komm nach vorn.
    Buntspecht, hier ist dein Wurm.
    Und besten Dank für die Arbeit!
Ich bin die Amsel.
Kinder, ich bin am Ende.
Und ich war es, die den ganzen Sommer lang
früh im Dämmergrau in Nachbars Garten sang.
Bitte um eine kleine Spende.
    Amsel, komm nach vorn.
    Amsel, hier ist dein Korn.
Und besten Dank für die Arbeit! (Brecht,1969)

Lesen

Thema: **Arbeit mit Texten**

1.6 Märchenrätsel

Ort: Klassenzimmer
Material: -

Beschreibung: Es bilden sich mehrere Gruppen. Jede Gruppe einigt sich „heimlich" auf ein bestimmtes Märchen und spielt aus diesem eine typische Gestalt oder Szene. Die anderen Schüler erraten das Märchen und erzählen es kurz nach.

Varianten:

- pantomimisches Gestalten einer Figur oder Szene
- Märchenfigur im Sand oder mit Schnee formen
- Zusammenarbeit mit Hort
- Einbeziehung des Internets (s. unten)

Hinweise zum Medieneinsatz:

Anregungen für die Auswahl geeigneter Szenen können durch den Einsatz verschiedener Medien gefunden werden. So können z. B. Märchen der Brüder Grimm in Büchern (in der Schulbibliothek) nachgelesen werden. Da das Lesen längerer Texte in der Klassenstufe 2 oft noch schwerfällt, sollten Portale im Internet (wie z. B. YouTube) genutzt werden. Diese bieten (teilweise kostenlos) entsprechende Hörspiele, Hörbücher und natürlich Videos an (evtl. auch nur die Tonspur nutzen). (Hoyningen-Huene v., 2023, S. 35). Bundeslandspezifische Bildungsserver (z. B. in Sachsen MeSax-Mediathek) beinhalten ebenfalls viel Material.

So besteht die Möglichkeit, dass Kleingruppen die Plätze mit entsprechend vorbereiteten Medien im Klassenzimmer und im Schulhaus (z. B. Bibliothek mit einbeziehen) wechseln, die Texte hören und sich für eine Szene entscheiden. Der Medieneinsatz sollte zunehmend von den Kindern selbstständig erfolgen.

Lesen

Thema: **Darstellendes Spiel**

1.7 Rätselraten

Ort: Klassenzimmer
Material: Rätsel (Beispiele s. unten)

Beschreibung: Eine Schülerin liest ein Rätsel vor. Pantomimisch stellen die anderen Kinder die Lösung vor. Der beste Darsteller wird zum neuen Vorleser.

Variante: in Kleingruppen arbeiten

Märchenrätsel

So oder so
mach' ich Gold aus Stroh.
Am Lagerfeuer war's mir heiß,
ach wie gut, dass niemand weiß,
dass ich ... heiß.
(Rumpelstilzchen)

Wer ist das?

Am Wasser sitzt er; ganz still.
Weil einen Fisch er haben will,
den er dann zum Mittag isst.
Weißt Du nun, wer das ist?
(Angler)

Was ist das?

Einst wollte ich zur Schule schweben,
doch konnt' ich nicht den Ranzen heben.
Da hatte ich 'nen tollen Plan
und kaufte einen starken ....
(Kran)
(Petzold, 1998)

Ein Tier lief geschwind,
so schnell wie der Wind,
hin und her auf dem Feld.
Doch ein andrer war der Held.
Denn der war,
völlig klar. Jedes Mal schon vorher da.
(Hase und Igel)

Frisch und munter
immer rauf und runter,
meist froh und heiter
sitzt auf dem Pferd der ....
(Reiter)

Das runde Ding es fliegt und springt
solange, bis es ihm gelingt,
ins gegnerische Tor zu rollen.
Nun zeige, was wir wissen wollen!
(Ball)

Thema: **Darstellendes Spiel**

1.8 Puppentheater

Ort: Klassenzimmer
Material: Handpuppen (s. Abbildung)

Beschreibung: Jeder Schüler wird zum Theaterdirektor und darf eine kleine Geschichte inszenieren. Zuvor basteln die Kinder Hand- oder Knotenpuppen. Die Tischkante wird zur Bühne, und der Kostümfundus besteht z. B. aus Taschentüchern, Bändern oder kleinen Schachteln.

Variante: Geschichte aus dem Lesebuch nachgestalten

Beispiele für Knotenpuppen

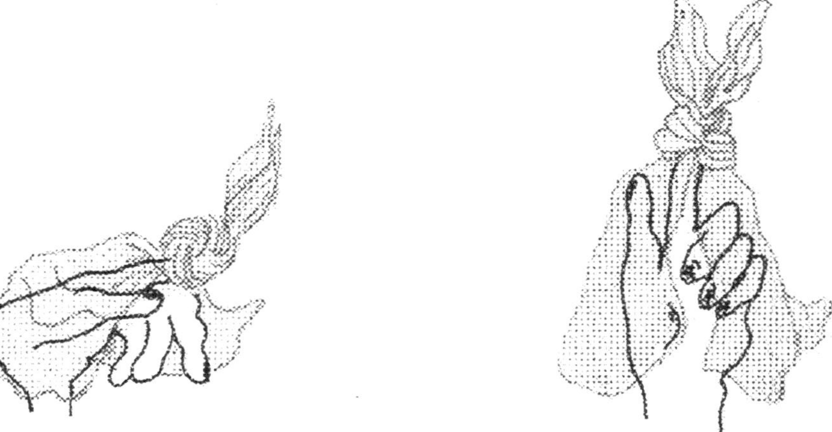

Schreiben

Thema: **Schreiben von Wörtern und Sätzen**

2.1 Wörtermaler

Ort: Klassenzimmer
Material: -

Beschreibung: Zwei Schülerinnen arbeiten zusammen. Ein Partner schreibt ein Wort:

- hoch in die Luft
- mit dem Finger auf den Tisch oder auf den Rücken des Nachbarn
- mit dem Fuß auf den Boden
- mit geschlossenen Augen
- mit der linken Hand/rechten Hand
- mit beiden Händen gleichzeitig (Abbildung s. unten)
- mit dem ausgestreckten Arm, ein Ohr in Kontakt zur Schulter (Arme abwechseln)

Errät der andere das Wort, wird gewechselt.

Variante: Spielen mehrere Schüler zusammen, kann das Wort reihum von einem Rücken zum anderen geschrieben werden. Erst der letzte Spieler der Reihe teilt mit, was er glaubt, auf seinem Rücken erkannt zu haben.

Thema: **Schreiben von Wörtern und Sätzen**

2.2 Schreiben - einmal anders

Ort: Schulgelände
Material: kleine Stöcke

Beschreibung: Die Schüler schreiben statt ins Heft einmal in den Sand, Kies o. Ä. Es können bestimmte Buchstaben und Buchstabenverbindungen, Wörter aus dem Orientierungswortschatz oder zu einem Rechtschreibschwerpunkt geübt werden.

Arbeitsanweisungen können z. B. sein:

- besonders groß schreiben
- besonders klein schreiben
- besonders schön schreiben
- zu zweit schreiben
- die Buchstaben des Partners nachziehen
- mit dem Fuß schreiben

Thema: **Schreiben von Wörtern und Sätzen**

2.3 Mit dem Ball „nachschreiben"

Ort: Schulgelände
Material: Bälle, Stöckchen, Kreide

Beschreibung: Die Schülerinnen prellen mit dem Ball und versuchen, Buchstaben oder kleine Wörter, welche sie vorher groß mit einem Stöckchen oder Stein auf den Boden oder mit Kreide auf das Pflaster geschrieben haben, „nachzuschreiben".

Thema: **Schreiben von Wörtern und Sätzen**

2.4 Schreiben mit geschlossenen Augen

Ort: Klassenzimmer
Material: -

Beschreibung: Jeweils zwei Schüler finden sich zusammen. Ein Kind schließt die Augen. Das andere Kind Partner führt die Schreibhand des Partners auf dem Tisch. Dabei ist der Zeigefinger der Stift, mit dem ein Wort des Orientierungswortschatzes geschrieben wird. Aufgabe des „Schreibers" ist es, das Wort zu erraten. Anschließend wird gewechselt.

Rechtschreiben

Thema: **Richtiges Schreiben von Wörtern aus dem Orientierungswortschatz**

3.1 Laufende Buchstaben

Ort: Klassenzimmer
Material: Buchstabenkarten A bis Z (evtl. ohne X, Y), (s. unten)

Beschreibung: Jedes Kind erhält eine Buchstabenkarte. Sind noch Karten übrig, können einige Schüler auch zwei bekommen. Die Lehrkraft nennt ein Wort. Die Kinder, mit den darin enthaltenen Buchstaben, gehen nach hinten und ordnen sich. Währenddessen schreiben die anderen Schüler das Wort auf. Anschließend wird das Wort gelesen und verglichen.

A	B	C	D	E	F
G	H	I	J	K	L
M	N	O	P	Q	R
S	T	U	V	W	Z

Thema: **Richtiges Schreiben von Wörtern aus dem Orientierungswortschatz**

3.2 Worthüpfen

Ort: Klassenzimmer, Schulhof
Material: Kreide oder Klebeband

Beschreibung: Ein Quadrat mit mehreren Feldern wird aufgemalt oder mit farbigem Klebeband gekennzeichnet. Jedes Feld erhält einen Buchstaben (s. unten). Die Schülerinnen hüpfen nun durch das Spielfeld und lassen so Wörter entstehen.

Varianten:

- auf jedes Feld nur einmal springen
- Wortart einschränken
- Gruppenarbeit
- Bewegung variieren (z. B. Einbeinsprünge)

H	L	S	E
O	A	N	C
R	K	M	T
I	U	D	P

Rechtschreiben

Thema: **Richtiges Schreiben von Wörtern aus dem Orientierungswortschatz**

3.3 Wanderdiktat

Ort: Klassenzimmer
Material: Karten mit Diktat (Beispiele s. unten)

Beschreibung: Die Schüler verteilen die Karten im Zimmer. Sie gehen zu einer Karte, merken sich einen Satz/Teile des Satzes und gehen zurück an ihren Platz. Dort schreiben sie den Satz in ihr Heft. Dann wandern die Kinder zum Aushang zurück und merken sich den nächsten Satz. Anschließend vergleichen die Schülerinnen mit dem Original.

Varianten:

- Entfernung zum Text verändern
- Länge des Diktates variieren
- Die Kinder erhalten ein iPad und QR-Codes, hinter denen die jeweilig richtige Lösung verlinkt ist (Hoyningen-Huene v., 2023, S, 60).

Beispiele für Wanderdiktate (Obier, 2023)

Karl, der kleine Käfer

Der kleine Käfer Karl war sehr neugierig. Eines Tages beschloss er, die Welt zu erkunden. Karl lernte viele neue Käfer kennen. Eines Tages hatte er aber großes Heimweh. Mit Hilfe seiner neuen Freunde fand er den Weg zurück zu Mama und Papa. Diese gaben ein großes Fest, als ihr Sohn wieder da war.

Mia, die mutige Maus

Die schüchterne Mia hatte Angst vor dem lauten Donner, dem dunklen Wald und dem bösen Fuchs. Eines Tages hörte sie einen Hilferuf. Es war eine andere Maus, die in einer Falle saß. Mia überlegte nicht lange und rettete die Maus. Ab sofort hatte sie eine neue Freundin und war nun auch viel mutiger.

Thema: **Richtiges Schreiben von Wörtern aus dem Orientierungswortschatz**

3.4 Platzwechsel

Ort: (Grünes) Klassenzimmer

Material: -

Beschreibung: Alle stehen im Kreis. Ein Schüler nennt ein Substantiv. Die Kinder, deren Vorname mit einem im Wort vorkommenden Buchstaben anfängt, tauschen die Plätze. Die anderen Schüler überlegen sich in der Zwischenzeit ein neues Substantiv. Es muss jedoch mit dem Buchstaben anfangen, mit dem das vorherige aufgehört hat.

Variante: auch Anwendung im Grünen Klassenzimmer möglich

Thema: **Worttrennung**

3.5 Hüpfende Silben

Ort: Klassenzimmer, Schulhof, Sporthalle

Material: -

Beschreibung: Die von der Lehrkraft genannten Wörter werden von den Schülern in ihren Silben laut wiederholt. Dazu wird bei jeder Silbe geklatscht und ein Nachstellsprungschritt seitwärts ausgeführt.

Varianten:

- Partnerarbeit
- Hüpfen variieren (z. B. Einbeinsprünge, Schlusssprünge, Strecksprünge)

Thema: **Worttrennung**

3.6 Wer ist mein Partner?

Ort: Klassenzimmer

Material: in zwei Silben zerschnittene Wortkarten (s. unten), eventuell Musik

Beschreibung: Jedes Kind zieht eine Silbenkarte und bewegt sich damit im Raum. Dabei sucht es seinen Partner, fasst ihn an den Händen und dreht sich zweimal im Kreis. Die Lehrkraft kontrolliert in der Zwischenzeit die Richtigkeit. Im Anschluss werden die Karten gemischt und es wird erneut gezogen.

wün-	schen	Frie-	den
Mitt-	woch	tur-	nen
schrei-	ben	zei-	gen
Bru-	der	Sonn-	tag
ba-	den	flie-	gen
Lam-	pe	mer-	ken
Frei-	tag	zäh-	len
lau-	fen	Schu-	le
se-	hen	Ta-	fel
Au-	to	Mon-	tag
kau-	fen	war-	ten
Freun-	de	Schu-	le

Thema: **Worttrennung**

3.7 Wie viele Silben hat mein Name?

Ort: Klassenzimmer, Schulhof, Sporthalle
Material: -

Beschreibung: Die Kinder stehen im Kreis. Der Lehrer klatscht Silben. Alle Schüler, deren Vorname (Name des Freundes, des Banknachbarn, Lieblingsname ...) die gleiche Anzahl von Silben aufweist, treten einen Schritt nach vorn.

Varianten:
- Drehung ausführen
- Gruppenarbeit

Thema: **Worttrennung**

3.8 Mutter, zu wem darf ich reisen?

Ort: Klassenzimmer, Schulhof, Sporthalle
Material: -

Beschreibung: Die Kinder stehen frei im Raum. Das erste Kind fragt: „Mutter, zu wem darf ich reisen?" Der Spielleiter nennt einen Vornamen. Wird z. B. „Christina" (dreisilbig) genannt, gehen alle drei „Kaffeebohnen" auf den genannten Schüler zu. Dann fragt der nächste und erhält z. B. die Antwort „Romy". Alle dürfen nun zwei „Kaffeebohnen" zur Romy reisen. Wird es zu eng, verteilen sich die Schüler neu.

Rechtschreiben

Thema: **Einführung in den Gebrauch des Wörterbuches**

3.9 ABC-Kreis

Ort: Klassenzimmer, Schulhof
Material: Ball (z. B. Zeitungsball)

Beschreibung: Alle bilden einen Kreis. Ein Schüler wirft den Ball einem Kind zu und nennt einen beliebigen Buchstaben des Alphabets. Der Schüler setzt mit dem nächsten Buchstaben fort und wirft den Ball weiter. So wird das gesamte Alphabet durchgespielt.

Varianten:

- Partner- und Gruppenarbeit
- Variation der Aufstellungsformen (Gasse u. a.)
- Wer einen Fehler macht, setzt sich auf den Boden.

Wenn die Kinder sicher genug sind, können Erweiterungen eingeführt werden:

- Es darf nur jeder zweite Buchstabe genannt werden.
- Es kann in der Mitte z. B. beim P begonnen werden.
- Es kann rückwärts aufgezählt werden.
- Die Lehrkraft kann 3 beliebige Buchstaben in die Mitte legen, die übersprungen werden müssen. Sonst muss sich hingesetzt werden.
- Es können bestimmte Buchstaben besonders betrachtet werden wie Vokale. Kinder, die einen Vokal nennen, setzen sich hin und es wird so lange weitergespielt, bis nur noch ein Kind steht. (Hoyningen-Huene v., 2023, S. 32)

Thema: **Einführung in den Gebrauch des Wörterbuches**

3.10 Buchstabenreihe

Ort: Klassenzimmer, Schulhaus, Schulhof, Sporthalle
Material: -

Beschreibung: Die Kinder sagen den Reim auf, gehen dabei im Zimmer umher und führen die entsprechenden Bewegungen (evtl. vorher abgestimmt) aus.
Vielleicht finden sich noch andere Reime mit neuen Bewegungen?

ABC ich stehe auf und geh, **DEF** gib mir deine Hand beim Treff, **GHI** ich fass mir an die Knie, **JKL** jetzt laufe ich mal schnell, **MNO** ich setz mich auf den Po, **PQR** ich hüpfe hin und her, **STU** ich winke noch dazu, **VWX** jetzt noch einen Knicks, **Y** und **Z** nun schleiche ich ins Bett (Stuhl).

Rechtschreiben

Thema: **Einführung in den Gebrauch des Wörterbuches**

3.11 ABC

Ort: Klassenzimmer, Schulhof
Material: Kreide

Beschreibung: Gemeinsam wird das ABC mit Kreide auf dem Schulhof vorbereitet. Jeder Schüler stellt sich auf einen Buchstaben. Die Lehrkraft nennt Aufgaben, z. B.:

- zum Vorgänger oder Nachfolger eines Buchstabens auf Zehenspitzen gehen
- zum Anfangsbuchstaben seines Namens oder eines Wortes hüpfen
- zu einem Buchstaben, der in einem vom Lehrer genannten Wort vorkommt, rückwärts gehen

Thema: **Einführung in den Gebrauch des Wörterbuches**

3.12 Stummes Ordnen

Ort: Klassenzimmer, Schulhof, Schulhaus
Material: Buchstabenkarten A-Z

Beschreibung: Jede Schülerin zieht „heimlich" eine Buchstabenkarte. Mit dieser geht er umher. Begegnen sich zwei Kinder, zeigen sie sich ihre Buchstabenkarten. Die „stumme" Klasse versucht so, sich nach dem Alphabet zu ordnen. Anschließend werden die Karten umgedreht und kontrolliert.

Rechtschreiben

Thema: **Einführung in den Gebrauch des Wörterbuches**

3.13 ABC-Tätigkeiten

Ort: Klassenzimmer
Material: -

Beschreibung: Der Spielleiter nennt einen Buchstaben. Jedes Kind überlegt sich eine Tätigkeit, die mit diesem Buchstaben beginnt, z. B. *d* → *d*rehen und führt sie aus. Die Bewegungen einzelner Schüler können anschließend erraten werden.

Varianten:
- Personen und Tiere darstellen
- Partnerarbeit

Thema: **Einführung in den Gebrauch des Wörterbuches**

3.14 Ordnungsstaffel

Ort: Klassenzimmer
Material: Papier, Stifte

Beschreibung: Die Klasse teilt sich in mehrere Kleingruppen. Jede Gruppe fertigt sich Wortkarten an, die mit den Buchstaben des Alphabets beginnen. Anschließend tauschen die Gruppen ihre Karten aus und legen sie jeweils gemischt auf einen Tisch. Räumlich entfernt davon nehmen die Gruppen Aufstellung. Das erste Kind jeder Gruppe läuft nach vorn und holt die Wortkarte mit „A/a" als Anfangsbuchstaben. Der nächste Schüler holt ein Wort mit „B/b" usw. Sieger ist jene Staffel, die zuerst abgesprochene Teile des Alphabets fehlerlos gelegt hat.

Varianten:
- weitere Bereiche des Alphabets und evtl. Bereiche des Alphabets rückwärts legen
- Buchstaben erwürfeln oder digital generieren
- Wortkarten (s. unten) für Teile des Alphabets (Obier, 2023)

Wortkarten für Teile des Alphabets (Obier, 2023)

Affe	Jaguar	Seepferdchen
Bär	Katze	Tiger
Chameleon	Lama	Uhu
Dachs	Maus	Vogel
Eichhörnchen	Nashorn	Wal
Faultier	Otter	Xanthippe
Giraffe	Pinguin	Yak
Hund	Qualle	Zebra

Thema: **Einführung in den Gebrauch des Wörterbuches**

3.15 Namen ordnen

Ort: Klassenzimmer, Schulhof
Material: Seile

Beschreibung: Die Klasse teilt sich in zwei oder drei Gruppen. Diese stellen sich auf ein am Boden liegendes Seil. Nun ordnen sich die Schüler nach den Anfangsbuchstaben ihrer Namen.

Varianten:

- Im Sportunterricht kann versucht werden, sich auf einer (umgedrehten) Langbank zu ordnen, ohne dass jemand herunterfällt. Wer absteigt, muss auf seinen alten Platz zurück
- Mathematik: Vorgänger/Nachfolger sortieren

Thema: **Einführung in den Gebrauch des Wörterbuches**

3.16 Bilderordnung

Ort: Klassenzimmer
Material: Bilder (aus Katalog), Memory-Karten

Beschreibung: Auf dem Tisch liegen viele verschiedenen Bilder bereit. Die Schüler gehen nach vorn, holen sich je ein Bild und bringen es zum Platz. Nun holen sie ein zweites und ordnen es entsprechend des Anfangsbuchstabens des Wortes vor oder hinter dem ersten Bild ein. Das wiederholen sie, bis jedes Kind fünf Bilder auf seinem Platz liegen hat. Anschließend kontrollieren die Schülerinnen an beliebigen Plätzen. Hat jeder richtig geordnet?

Sprachbetrachtung

Thema: **Wortarten und ihre Aufgaben**

4.1 Verben-Pantomime

Ort: Klassenzimmer
Material: -

Beschreibung: Ein Kind sitzt mit dem Rücken zur Tafel. Der Lehrer oder ein Schüler schreibt eine Tätigkeit an, welche die Klasse darstellt. Der vorn Sitzende errät das Verb und bestimmt das nächste Kind.

Thema: **Wortarten und ihre Aufgaben**

4.2 Verben-Stopp

Ort: Klassenzimmer
Material: -

Beschreibung: Zwei oder drei Schülerinnen überlegen sich gemeinsam eine Tätigkeit und stellen diese pantomimisch dar. Wer glaubt, die Lösung zu wissen, ruft laut „Stopp!". Die Schüler verharren in ihrer Position und das Verb wird genannt. Ist die Lösung falsch, bewegen sich die Schüler weiter. Ist sie richtig, erfolgt ein Spielertausch.

Variante: In Gruppenarbeit stellt ein Schüler ein Verb dar. Die anderen erraten das Verb, schreiben es auf und suchen es in der Wortleiste.

Sprachbetrachtung

Thema: **Wortarten und ihre Aufgaben**

4.3 Substantiv oder Verb?

Ort: Klassenzimmer
Material: -

Beschreibung: Die Kinder bewegen sich im Raum. Der Lehrer nennt ein Substantiv oder ein Verb. Die Schüler bestimmen, jeder für sich, die Wortart und gehen bei einem Verb in die Hocke, bei einem Substantiv auf die Zehenspitzen.

Varianten:

- Wortart Adjektiv einbeziehen
- mit geschlossenen Augen Entscheidungen treffen

Thema: **Wortarten und ihre Aufgaben**

4.4 Begrüßung

Ort: Klassenzimmer
Material: Wortkarten mit Adjektiven

Beschreibung: Jeder schreibt ein Adjektiv auf. Mit der Wortkarte geht er durch den Raum. Begegnen sich zwei Schüler stellen sie sich gegenseitig vor: „Guten Tag. Mein Name ist SCHÖN. Wie heißen sie?". „Mein Name ist LUSTIG." Die Karten werden jetzt getauscht. Ist einige Zeit des Kennenlernens abgelaufen, setzen sich alle wieder. Anschließend versuchen die Schülerinnen, möglichst viele „Namen" aufzuschreiben, die ihnen begegnet sind.

Variante: gleiche Tierarten, Merksätze, geometrische Figuren tauschen
(Kret, 1993, S. 98)

Sprachbetrachtung

Thema: **Wortarten und ihre Aufgaben**

4.5 Wortarten-Ecken

Ort: Klassenzimmer
Material: Wortartenkarten (s. unten)

Beschreibung: In den Ecken des Klassenzimmers hängen Wortartenkarten. Alle Schülerinnen gehen umher. Der Lehrer nennt ein Wort (z. B. „Bett"). Die Kinder gehen drei Schritte zur entsprechenden Wortartenkarte (hier: Substantiv).

Variante: Die Lehrkraft nennt keine Wörter, sondern lässt sie am Smartboard generieren. (Hoyningen-Huene v., 2023, S. 39)

Substantiv
Verb
Adjektiv
Artikel

Thema: **Wortarten und ihre Aufgaben**

4.6 Verb, Substantiv, Adjektiv

Ort: Klassenzimmer, Schulhof
Material: drei beschriftete Teppichfliesen (Kreide), Würfel, Erbsensäckchen

Beschreibung: Je eine Teppichfliese wird mit den Wörtern Adjektiv, Verb und Substantiv beschriftet und hintereinander auf den Boden gelegt. Aus einigem Abstand wird mit einem Erbsensäckchen versucht, ein Feld zu treffen. Mit dem Würfel ermittelt man anschließend, wie viele Beispiele für die getroffene Wortart genannt oder aufgeschrieben werden müssen.

Varianten:

- Gruppen- und Partnerarbeit
- Entfernung variieren

Thema: **Wortarten und ihre Aufgaben**

4.7 Wörterbuch

Ort: Klassenzimmer
Material: Bälle (z. B. Zeitungs-, Softball, Wollknäuel)

Beschreibung: Die Schüler stehen im Kreis oder in einer Gasse. Der Lehrer wirft einem Kind den Ball zu und nennt dabei einen Buchstaben. Während die anderen den Ball einmal im Kreis herumgeben, muss das erste Kind eine vorher vereinbarte Anzahl von Wörtern einer bestimmten Wortart mit dem angegebenen Buchstaben nennen (z. B. fünf Substantive mit „A"). Schafft es das, bis der Ball wieder bei ihm angelangt ist, darf es einen neuen Buchstaben bestimmen und den Ball weitergeben.
(Regelein, 1988, S. 115)

Variante: Gruppen bilden

Thema: **Bau und Funktion von Sätzen**

4.8 Tu es!

Ort: Klassenzimmer
Material: -

Beschreibung: Der Spielleiter nennt Aufforderungen, die ausgeführt werden sollen, z. B.: „Halte den rechten Arm hoch!" „Greife an das linke Ohr!" „Lege den Kopf auf den Tisch!".

Varianten:

- Partnerarbeit
- mehrere Informationen geben: „Schließe die Augen, wenn du blonde Haare hast!" „Verschränke die Arme, wenn du einen langärmeligen Pulli anhast!"
- Pantomimensätze (s. unten)
- digital mit Wordwall möglich (s. unten)

Pantomimensätze

Die Schüler finden sich zu Paaren zusammen. Ein Kind überlegt sich einen Aufforderungssatz/Ausruf, den es vorspielt. Errät der Partner den Satz, darf er sich einen neuen ausdenken, z. B.: Kämme dich!; Pfui, das stinkt!; Sei leise!; Komm her! usw.

Variante: Kleingruppenarbeit

Erklärung zu Wordwall

Unter https://wordwall.net/de-de/community/gl%C3%BCcksrad sind viele Ideen zu Wortmaterialien zu finden. Dort kann auch ein Konto angelegt werden. Anschließend oben rechts auf „Aktivität erstellen" klicken und beispielweise ein Glücksrad erstellen lassen. (Hoyningen-Huene v., 2023, S. 39)

Thema: **Bau und Funktion von Sätzen**

4.9 Satzschlusszeichen

Ort: **(Grünes)** Klassenzimmer
Material: -

Beschreibung: Das Klassenzimmer wird in drei Felder geteilt. Jedem Abschnitt wird ein Satzschlusszeichen zugeordnet und an der Tafel als Hilfe angezeichnet. Dann liest die Lehrkraft verschiedene Sätze vor. Die Schülerinnen entscheiden sich für ein Satzschlusszeichen und stellen sich in den entsprechenden Abschnitt des Zimmers.
Zusätzlich kann eine vereinbarte Haltung eingenommen werden (s. unten).

Variante: auch Anwendung im Grünen Klassenzimmer möglich

Ausrufezeichen

Schlusspunkt

Fragezeichen

Thema: **Bau und Funktion von Sätzen**

4.10 Schatzsuche

Ort: Klassenzimmer, Schulhof, Sporthalle

Material: 5 bis 10 Wortkarten, die jeweils einen sinnvollen Satz ergeben (mehrere Farben); entsprechende Anzahl Joghurtbecher (wenn möglich sogar mehr)

Beschreibung: Der Spielleiter verteilt die Wortkarten unter die Joghurtbecher. Die Klasse wird in zwei Gruppen eingeteilt. Jede Gruppe erhält eine Farbe. Sie muss nun versuchen, alle Wortkarten ihrer Farbe zu finden und zu einem Satz zusammenzusetzen. Dazu teilt sich jede Gruppe nochmals auf. Die erste Teilgruppe läuft zu einem Joghurtbecher und schaut darunter. Liegt eine Karte ihrer Farbe darunter, darf sie mitgenommen werden. Ist eine andersfarbige oder gar keine Karte da, müssen die Schüler ohne „Schatz" zur Startlinie zurücklaufen. Nun ist die zweite Teilgruppe an der Reihe. Es findet ein ständiger Wechsel statt, bis alle Karten gefunden sind. Während eine Teilgruppe läuft, versucht die andere schon, den Satz zu legen. Gewonnen hat die Gruppe, die ihren Satz als erste vollständig vorlesen kann.

SCHATZSUCHE

Thema: **Wortbildung und Wortbedeutung**

4.11 Wortspiele

Ort: Klassenzimmer

Material: Wortkarten mit Verben oder Präfixen bzw. für Variante: Substantive, aus denen sich vielfältige zusammengesetzte Substantive bilden lassen, s. unten), Buchstabenkarten (N, S, E), Musik

Beschreibung: Jeder Schüler holt sich eine Wortkarte mit einem Verb (z. B. fahren, gehen, spielen) oder einer Vorsilbe (z. B. mit, um, weg) und heftet sie an seine Kleidung. Zu Musik wird damit im Zimmer getanzt. Setzt die Musik aus, bilden sich Paare mit einem Verb und einer passenden Vorsilbe.

Variante: Jedes Kind hat ein Substantiv. Die beiden Schüler entwickeln aus ihren Wörtern ein zusammengesetztes Substantiv. Dabei können einzelne Buchstaben abgedeckt oder weitere Buchstabenkarten zu Hilfe genommen werden. In der nächsten Runde muss sich jeder einen neuen Partner suchen.

Karten für Wortspiele (zur Variante)

GARTEN	SCHLOSS	HOF	TÜR
KINDER	SCHUH	FILM	KINO
DEUTSCH	STUNDE	LAND	KARTE
FILM	SPIEL	RUHE	ZIMMER
SCHLAF	ANZUG	MUSIK	LEHRER
SPORT	HEIM	KLASSE	KAMERAD
MITTAG	PAUSE	SCHULE	HAUS

Sprachbetrachtung

Thema: **Wortbildung und Wortbedeutung**

4.12 Wörterwurm

Ort: Klassenzimmer
Material: Ball

Beschreibung: Die Kinder stehen im Kreis. Ein Schüler nennt ein zusammengesetztes Substantiv, z. B. „Türschloss". Jetzt wirft er den Ball zu einem anderen Mitspieler, der ein neues zusammengesetztes Wort finden soll, das mit Schloss beginnt: z. B. „Schlossberg". Der nächste setzt die Wortkette fort.
Wenn das Spiel zu laut wird, macht doch ein Flüsterspiel daraus!

Variante: Gruppen bilden

WÖRTERWURM

Mündlicher und schriftlicher Sprachgebrauch

Thema: **Erzählen und Zuhören**

5.1 Ebbe und Flut

Ort: (Günes) Klassenzimmer
Material: kurze Geschichten, erst vom Lehrer, später von Schülern ausgedacht

Beschreibung: Der Spielleiter erzählt eine Urlaubsgeschichte vom Meer. Die Klasse spielt das Erzählte mit. Fällt das Wort „Flut", müssen sich alle sofort auf den Zehenspitzen nach oben recken, bei „Ebbe" leicht in die Hocke gehen. Später kann man auch noch weitere Signalwörter einbauen.
(Baer, 1994, S. 111)

Variante: auch Anwendung im Grünen Klassenzimmer möglich

Thema: **Erzählen und Zuhören**

5.2 Die Maus und der Elefant

Ort: Klassenzimmer
Material: -

Beschreibung: Der Spielleiter erzählt eine Fortsetzungsgeschichte mit verschiedenen Tieren und Gegenständen. Die Schüler gestalten z. B. als Elefant, Maus oder Glockenblümchen jeweils verschiedene Geräusche und Bewegungen. Immer, wenn sie in der Geschichte vorkommen, führen alle Schüler die vorher vereinbarten Bewegungen und Geräusche aus.
Beispiel: „Der Elefant (stampfendes toröööö) und seine Freundin, die Maus (tripel-trapel, piep), fanden eines Tages ein Glockenblümchen (mit den Händen ein Dach bilden, klingeling) ..."
(Baum, Bücken & Starz, 1994)

Variante: Der Spielleiter liest eine Geschichte vor. Jeder Schüler erhält eine Rolle und führt an der entsprechenden Textstelle Bewegungen aus.

Mündlicher und schriftlicher Sprachgebrauch

Thema: **Erzählen und Zuhören**

5.3 Märchen erzählen

Ort: (Grünes) Klassenzimmer
Material: Ball

Beschreibung: Die Kinder stehen in einer Gasse. Die Lehrkraft beginnt, ein bekanntes Märchen zu erzählen. Nach einem oder mehreren Sätzen wirft sie den Ball einem Schüler zu. Dieser erzählt kurz weiter, bevor er den Ball abermals abgibt.

Variante: auch Anwendung im Grünen Klassenzimmer möglich

Thema: Gespräche führen

5.4 Handpuppenspiel

Ort: Klassenzimmer

Material: Hand- und Knotenpuppen (s. Lesen 1.8)

Beschreibung: Mit Hand- bzw. Knotenpuppen werden paarweise oder zu dritt Alltagssituationen szenisch dargestellt, z. B. Einkaufen, Kinobesuch oder Treffen mit Freunden.

Variante: Löffelpuppen

Mündlicher und schriftlicher Sprachgebrauch

Thema: **Informationen geben und aufnehmen**

5.5 Bildbeschreibung in Staffeln

Ort: Klassenzimmer
Material: Bilder (aus Katalog)

Beschreibung: Es bilden sich Gruppen aus vier bis fünf Kinder. Auf einer Bank liegen mehrere Bilder, die inhaltlich sehr ähnlich sind. Der erste Schüler jeder Gruppe geht zu den Bildern, sucht sich eins aus und beschreibt es dem nächsten Schüler. Dieses geht nach vorn, sieht sich das beschriebene Bild an und gibt dem nächsten Schüler seine Informationen weiter. Der Letzte bringt das Bild zur Kontrolle mit. Anschließend wird das Spiel gemeinsam ausgewertet.

Mündlicher und schriftlicher Sprachgebrauch

Thema: **Sachtexte verfassen**

5.6 Einkaufszettel

Ort: Klassenzimmer
Material: Buchstabenkarten

Beschreibung: Die Schüler teilen sich in Gruppen. Für jede Mannschaft liegen mehrere Buchstabenkarten bereit. Das erste Kind in der Gruppe läuft los, holt eine der Karten und schreibt einen Einkaufsartikel auf, der mit dem Buchstaben auf seiner Karte beginnt und stellt sich vorn an. Nun läuft die nächste Schülerin. Das Spiel wird nach einer vorher festgelegten Zeit abgebrochen.
Welche Mannschaft schafft es, den längsten Einkaufszettel zu schreiben?

Mündlicher und schriftlicher Sprachgebrauch

Thema: **Informationen geben und aufnehmen**

5.7 Spiele für die Pause

Ort: Klassenzimmer, Schulhof
Material: entsprechend der Spiele

Beschreibung: Drei bis vier Schüler überlegen sich ein Bewegungsspiel für die Pause im Klassenzimmer oder auf dem Schulhof (Beispiele s. unten). Sie geben die Spielanweisung an die Klasse weiter. In Kleingruppen werden die Bewegungsspiele anschließend ausprobiert.

Variante: Zuerst sollten die eigenen Spiele der Kinder aufgegriffen werden. Ergänzende Spielideen sind u. a. zu finden in der Broschüre „Spiel & Spaß" (https://publikationen.sachsen.de/bdb/artikel/22796)

Beispiele für Pausenspiele (Petzold, 1994)

Der Stock fällt

Ein Spieler stellt einen Stock (Gymnastikstab) auf den Boden und hält ihn an dem oberen Ende fest. Etwa einen Meter entfernt stehen die Mitspieler. Der „Stockhalter" ruft einen Namen und lässt gleichzeitig das Stabende los. Der aufgerufene Spieler muss den Stock fassen, bevor er umgefallen ist.

Seil-Durchlauf

Zwei Springseile werden zusammengeknotet. Dieses lange Seil wird von zwei Mitspielern geschwungen. Weitere Spieler versuchen, durch das ständig schwingende Seil hindurchzulaufen. Wem es gelingt, der erhält einen Punkt. Wem es nicht gelingt, der muss seinen Platz mit einem „Seilschwinger" tauschen.

Klammerhasche

Jeder Schüler befestigt eine Klammer an seiner Kleidung. Nun müssen alle versuchen, möglichst viele Klammern zu rauben, ohne die eigene zu verlieren.

Salzsäure

In ca. 20 Meter Entfernung mit dem Rücken zur Schülergruppe steht ein „Zauberer". Die Mitspieler schleichen sich an ihn heran. Dreht sich der „Zauberer" um, müssen alle zur „Salzsäure" erstarren. Wer bis zum „Zauberer" kommt, darf ihn ablösen.

Thema: Informationen geben und aufnehmen

5.8 Eine Bibliothek entdecken

Ort: örtliche Bibliothek
Material: -

Beschreibung: Vorbereitend sollte gemeinsam ein Fragekatalog erarbeitet werden (Anregungen s. unten). Besuch in den ersten Wochen der 2. Klassenstufe planen, evtl. Ende Klasse 1. Mit den Verantwortlichen der örtlichen Bibliothek sollten altersentsprechende Schwerpunkte abgesprochen werden, so z. B.:

- Orientierung in der Bibliothek, Medien für Grundschulkinder
- Regeln der Bibliothekbenutzung
- freies Stöbern und Vorleserunde

Varianten:

- im Vorfeld die Nutzung der Schulbibliothek üben
- auf dem Weg zur Bibliothek Straßenschilder erlesen und möglichst merken
- in der Familien Informationen zu dem Erlebten geben

Mögliche Fragestellungen:

- Wo stehen die Kinderbücher?
- Wie finde ich ein für mich interessantes Buch?
- Was gibt es außer den gedruckten Büchern für Grundschulkinder noch?
- Wie kann ich mich anmelden?
- Wie leiht man aus?
- Welche Regeln muss ich beachten?
- Wann muss ich alles zurückbringen?
- Wann ist die Bibliothek geöffnet?

Bewegtes Lernen in Klasse 2

Didaktisch-methodische Anregungen

für Sachunterricht

1 Vom Zusammenleben der Menschen

Unsere Klassengemeinschaft

1.1 Individuelle Bewegungsfreiheiten

Bedeutung der Arbeit und Berufe der Eltern

1.2 Wer will fleißige Handwerker sehen?

1.3 Berufe erraten

2 Gesunde Lebensweise

Sensibilisierung für Körpererfahrungen

2.1 Kräftig ausatmen!

2.2 Atemübungen

2.3 Entlastungshaltungen, Entlastungsbewegungen

2.4 Bewegtes Sitzen

Herausbildung gesundheitsfördernder Verhaltensweisen

2.5 Spiele in der Natur

2.6 Pulsmessung

3 Lebende und nichtlebende Natur

Pflanzen der Heimat

3.1 Laubbaum oder Nadelbaum?

3.2 Die Baumkönige

3.3 Baum-Quiz-Wettlauf

Tiere der Heimat

3.4 Gehört es zusammen?

3.5 Verstecken – Entdecken

3.6 Auf dem Bauernhof

Erscheinungen in der nichtlebenden Natur

3.7 Der Wind bist du

3.8 Watte pusten

3.9 Schiffchen im Wind

3.10 Gegen den Wind

4 Begegnung mit Raum und Zeit

Orientierung im Heimatort

4.1 Spielplätze erkunden

4.2 Stadtrundfahrt

4.3 Steine

Zeitorientierung

4.4 Tagesablauf

4.5 Wochen-Hüpfkästchen

4.6 Laurentia

4.7 Wer im Januar geboren ist

4.8 Seilspringen

4.9 Wir bauen einen Geburtstagskalender

4.10 Es war eine Mutter ...

4.11 In welchem Monat ist ...?

4.12 Spiele mit Kalenderblättern

5 Mobil in der Welt

Schulung koordinativer Fähigkeiten

5.1 Sei rücksichtsvoll!

5.2 Schülerlotse

Der Schüler als Fußgänger und Radfahrer

5.3 Zebrastreifen

5.4 Verkehrspolizist

5.5 Schneckentempo

5.6 Wir bauen einen Verkehrsgarten

Zuordnung von Beispielen

Zusätzlicher Informationszugang	Beispiele	
Den eigenen Körper und die Natur über Bewegung *wahrnehmen, erleben*	2.1 Kräftig ausatmen! 2.2 Atmungsübungen 2.4 Bewegtes Sitzen 3.8 Watte pusten	3.9 Schiffchen im Wind 3.10 Gegen den Wind 5.2 Schülerlotse 5.5 Schneckentempo
Strukturen über Bewegung *empfinden*	4.5 Wochen-Hüpfkästchen	4.11 In welchem Monat ist ...?
Den Menschen, die Natur u. a. über Bewegung e*rfahren, begreifen*	1.1 Individuelle Bewegungsfreiheiten 2.6 Pulsmessung	4.12 Spiel mit Kalenderblättern 5.3 Zebrastreifen 5.4 Verkehrspolizist
Erscheinungen in der Natur, der Gesellschaft u. a. durch Bewegung, Körpersprache *ausdrücken, mitteilen*	1.3 Berufe erraten 3.1 Laubbaum oder Nadelbaum?	4.4 Tagesablauf 4.5 Wochen-Hüpfkästchen
etwas *szenisch darstellen*	1.2 Wer will fleißige Handwerker sehen? 3.7 Der Wind bist du 4.6 Laurentia	4.7 Wer im Januar geboren ist 4.8 Seilspringen 4.10 Es war eine Mutter ...
Bewegungsumwelt *formen, gestalten*	4.9 Wir bauen einen Geburtstagskalender	5.6 Wir bauen einen Verkehrsgarten
bei Unterrichtsgängen die Umwelt *erkunden*	2.5 Spiele in der Natur 3.6 Auf dem Bauernhof	4.1 Spielplätze erkunden 4.3 Steine

Optimierung der Informationsverarbeitung	Beispiele
mit Bewegung Zustimmung oder Ablehnung zu Beobachtungen signalisieren	4.2 Stadtrundfahrt
beim (Zu-)Werfen eines Balles o. Ä. Begriffe, Namen einordnen, abfragen	3.3 Baum-Quiz-Wettlauf
beim Gehen (durch den Raum) - Aufgaben lösen - sich Informationen einholen	 3.4 Gehört es zusammen? 5.1 Sei rücksichtsvoll! 3.5 Verstecken - Entdecken
Plätze wechseln und dabei Wissen zur Natur festigen	3.2 Die Baumkönige
unterschiedliche Arbeitshaltungen kennen lernen	2.3 Entlastungshaltungen, Entlastungsbewegungen

Vom Zusammenleben der Menschen

Thema: **Unsere Klassengemeinschaft**

1.1 Individuelle Bewegungsfreiheiten

Ort: Klassenzimmer
Material: -

Beschreibung: Gemeinsam wird abgesprochen, welche Bewegungsfreiheiten jedem Schüler der Klasse eingeräumt werden können, ohne dass es die Klassengemeinschaft stört, z. B. bei Bedarf zum Papierkorb gehen, sich Material holen, Lösungen vergleichen, sich Hilfen holen, Sitzhaltungen ändern, Sitzkissen/Sitzball nutzen, individuelle Igelballmassage, Antistressball in den Händen kneten u. a. Es ist notwendig sich auf Regeln zu einigen (s. unten).

Mögliche **Regeln** für individuelle Bewegungsfreiheiten:

- die anderen Schüler nicht stören
- sich langsam, leise und rücksichtsvoll bewegen
- nicht planlos herumgehen
- wenn notwendig, dann leise sprechen
- sich erst selbst anstrengen, dann Hilfe holen
- von Handlungsspielräumen nicht übermäßig Gebrauch machen
- Zeitbegrenzungen einhalten u. a.

Vom Zusammenleben der Menschen

Thema: **Bedeutung der Arbeit und Berufe der Eltern**

1.2 Wer will fleißige Handwerker sehen?

Ort: Klassenzimmer, Schulgelände

Material: -

Beschreibung: Passend zum Text „Wer will fleißige Handwerker sehen" (s. unten) gestalten die Kinder Bewegungen. Anschließend denken sich alle gemeinsam neue Strophen aus und spielen sie.

Variante: als Video aufnehmen – gemeinsam anschauen und besprechen, evtl. auch als Gruppenarbeit zu den jeweiligen Strophen

Die fleißigen Handwerker

Überliefert

2.
... O wie fein, o wie fein,
der Glaser setzt die Scheiben ein.
3.
...Tauchet ein, tauchet ein,
der Maler streicht die Wände fein.
4.
...Zisch, zisch, zisch, zisch, zisch, zisch,
der Tischler hobelt glatt den Tisch.
5.
Poch, poch, poch, poch, poch, poch,
der Schuster schustert zu das Loch.
6.
...Stich, stich, stich, stich, stich, stich,
der Schneider näht ein Kleid für mich.
7.
...Rühret ein, rühret ein,
der Bäcker backt den Kuchen fein.
8.
...Trab, trab, drein, trab, trab, drein,
jetzt gehn wir von der Arbeit heim.
(Oder: Jetzt gehn die fleiß'gen Leute heim.)
9.
...Hopp, hopp, hopp, hopp, hopp, hopp,
jetzt tanzen alle im Galopp.

Thema: **Bedeutung der Arbeit und Berufe der Eltern**

1.3 Berufe raten

Ort: Klassenzimmer
Material: -

Beschreibung: Der Reihe nach stellen die Schüler einen Beruf pantomimisch dar. Wer den Beruf zuerst errät, ist als nächster an der Reihe. Doch zuvor dürfen alle Kinder die Bewegungen nachahmen.
Hinweis: Es sollte auf Handwerksberufe orientiert werden und auch weitere Berufe, die leicht zu erraten sind. (Ideensammlung s. unten)

Variante: Die Schülerinnen erstellen gemeinsam mit der Lehrkraft eine Ideensammlung mit Berufen, welche man pantomimisch gut darstellen kann. (s. unten)

Mögliche Ideen für pantomimisch gut darstellbare Berufe:

- Bäcker und Bäckerin
- Tischler und Tischlerin
- Friseur und Friseurin
- Lehrer und Lehrerin
- Postbote und Postbotin
- Schmied
- Bauer und Bäuerin
- Polizist und Polizistin
- Förster und Försterin
- Verkäufer und Verkäuferin

(Paul, 2023)

Gesunde Lebensweise

Thema: **Sensibilisieren für Körpererfahrungen**

2.1 Kräftig ausatmen!

Ort: Klassenzimmer
Material: -

Beschreibung: Bei geöffnetem Fenster üben die Schülerinnen das kräftige Ausatmen. Sie sollen sich vorstellen, dass sie:

- eine Kerze auspusten
- durch einen Strohhalm blasen
- einen Luftballon aufblasen
- eine Suppe kühler pusten
- Eisblumen am Fenster auftauen u. a.

Variante: Atemübungen (s. unten)

Thema: **Sensibilisieren für Körpererfahrungen**

2.2 Atemübungen

Ort: Klassenzimmer
Material: -

Beschreibung: Bei geöffnetem Fenster atmen die Schüler kräftig aus. Dabei senken sie den Kopf, beugen Oberkörper und Knie und schwingen die Arme nach hinten. Anschließend wird eingeatmet. Hier schwingen die Arme nach oben, der Körper wird gestreckt und der Kopf angehoben.

Varianten:

- Im Anschluss tauschen sich die Kinder darüber aus, was sie gespürt haben und wie sie sich danach fühlen.
- Sie können Situationen zusammentragen, wo diese Atemübungen helfen (nach Anstrengung im Sport, vor einer Entspannung o. Ä.). (Paul, 2023, S. 65)

Thema: **Sensibilisieren für Körpererfahrungen**

2.3 Entlastungshaltungen, Entlastungsbewegungen

Ort: Klassenzimmer
Material: -

Beschreibung: Die Schüler probieren nach Anleitung durch den Lehrer verschiedene Entlastungshaltungen und -bewegungen (s. unten) aus. Sie tauschen sich darüber aus, was sie empfinden und wann diese Formen der Entlastung Anwendung finden könnten.

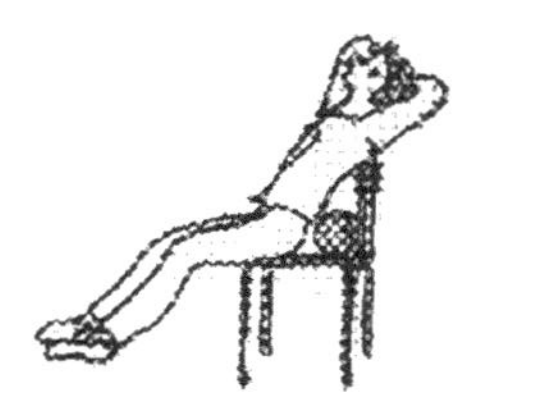

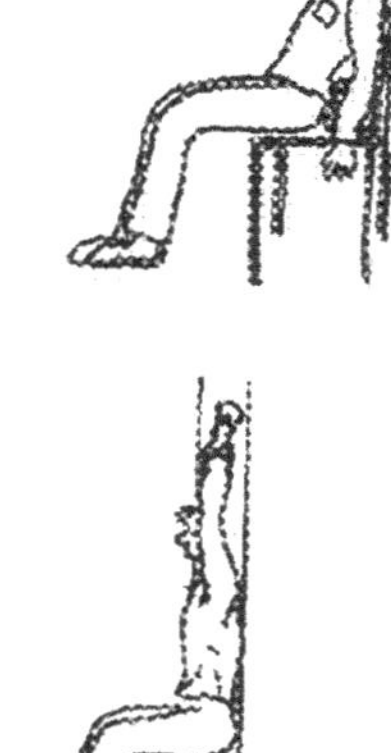
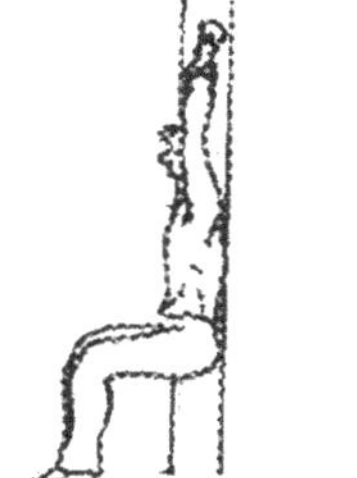
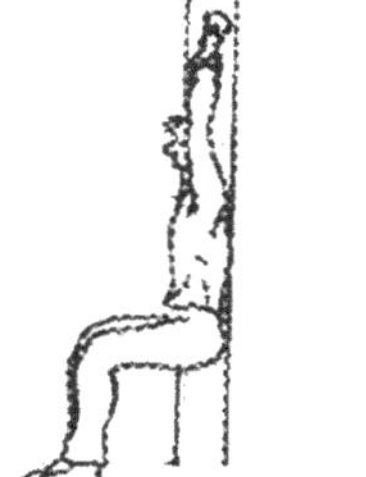

Entlastungshaltungen

Entlastungsbewegungen

Gesunde Lebensweise

Thema: **Sensibilisieren für Körpererfahrungen**

2.4 Bewegtes Sitzen

Ort: Klassenzimmer
Material: -

Beschreibung: Die Kinder wechseln zwischen Sitzhaltungen und Entspannungshaltungen (s. unten). Durch die Zentrierung der Aufmerksamkeit („Was spürst du in deinem Rücken?") sollen Körpererfahrungen angestrebt werden. Sie erhalten Anregungen, „Bewegtes Sitzen" in allen Fächern und möglichst auch zu Hause selbstständig anzuwenden.

Entlastungshaltungen

beim Schreiben

beim Zuhören

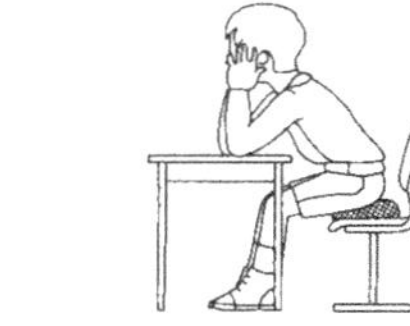

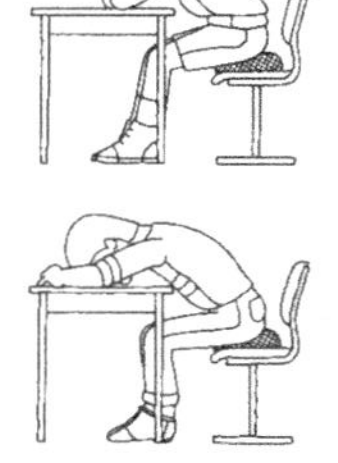

beim Lesen

Thema: **Herausbilden gesundheitsfördernder Verhaltensweisen**

2.5 Spiele in der Natur

Ort: Schulumgebung
Material: s. Spiele

Beschreibung: **Botschaft im Schnee**

Die Klasse wird in zwei Gruppen geteilt. Diese vereinbaren, wohin ein Spaziergang führen soll. Die erste Gruppe denkt sich einen Spruch oder eine lustige Bemerkung aus. Die Worte oder einzelne Buchstaben werden an verschiedenen Stellen am Wegesrand in den Schnee getreten (in den Boden geschrieben). Die zweite Gruppe geht etwas später los und versucht, die Botschaft zu entschlüsseln. Auf dem Rückweg werden die Gruppen getauscht. (Mala, 1991, S. 20)

Variante: mit Stöckchen in den Schnee zeichnen.
(weitere Beispiele s. unten)

Laubhasche - Baumhasche

Die Kinder sammeln Blätter von verschiedenen Bäumen und Sträuchern, die sich gut voneinander unterscheiden lassen (z. B. Eiche, Ahorn, Kastanie, Birke, Flieder). Danach laufen sie erneut los und suchen mit einem Blatt in der Hand den entsprechenden Baum oder Strauch. Ein Schüler versucht währenddessen einen anderen Schüler abzuschlagen. Er kann aber nicht abgeschlagen werden, wenn er den Baum berührt oder ein weiteres Kind anfasst, das auch ein Blatt von der eigenen Baumart in der Hand hält. Wird der Schüler vorher abgeschlagen, so erhält der Fänger das Blatt.

Varianten:

- Ein Blatt wird hochgehalten, die Schüler sollen schnell zu dem dazugehörigen Baum laufen.
- Die Schüler spielen Hasche. Als Freimal werden alle Birken bestimmt. Später wechselt die Baumart.

Findet euren Baum wieder

Es bilden sich Kleingruppen. Jede Gruppe stellt sich an einen Baum, dessen Name der Spielleiter nennt und den sie sich genau anschauen müssen. Anschließend laufen die Schüler in Rufnähe im Wald umher. Auf das Kommando: „Findet Euren Baum wieder!" muss jede Gruppe sich unter dem Baum einfinden, unter dem sie zu Beginn des Spieles stand. Im Anschluss sollte ein Gespräch darüber erfolgen, an welchen Merkmalen die Schüler „ihren" Baum wieder erkannt haben.

Thema: **Herausbilden gesundheitsfördernder Verhaltensweisen**

2.6 Pulsmessung

Ort: Schulhaus, Schulhof
Material: Stoppuhr, Arbeitsblatt (s. unten)

Beschreibung: Gemeinsam wird untersucht, welche Tätigkeiten höhere Anforderungen an den Kreislauf stellen und damit zur Gesundheit beitragen können. Dazu wird der Puls an Hals oder Handgelenk nach unterschiedlichen Tätigkeiten gemessen (sitzen, gehen, die Treppen hochlaufen, um das Schulhaus einmal oder mehrmals laufen u. a.). Bei dem auswertenden Gespräch sollte zu mehr Bewegung im Alltag (Treppen steigen statt Fahrstuhl benutzen) und zum Sporttreiben in der Freizeit angeregt werden.

Arbeitsblatt Pulsmessung

Aufgabe: Führe die, in der Tabelle aufgeführten, Tätigkeiten durch und messe im Anschluss an jede Tätigkeit deinen Puls. Wo du den Puls messen kannst, siehst du auf dem Foto.

Aktivität	Puls
Sitzen	
den Gang entlang gehen	
die Treppe hochlaufen	
eine Runde um den Schulhof laufen	
während die Hausaufgabe erledigt werden	

So messt ihr euren Puls:

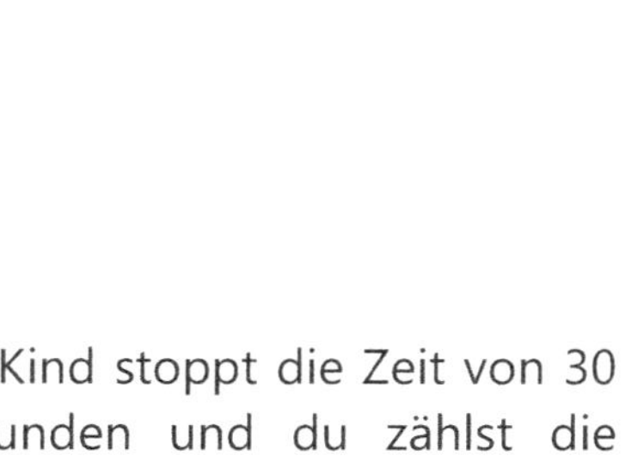

Ein Kind stoppt die Zeit von 30 Sekunden und du zählst die Schläge, die du spüren kannst. Die Schläge rechnest du mal 2 und trägst das Ergebnis in die Tabelle ein.
Beispiel: Ich zähle 30 Schläge in 30 Sekunden, rechne mal 2, sind 60 Schläge pro Minute. Also trage ich 60 in die Spalte Puls ein.

Was fällt dir bei deinen eingetragenen Ergebnissen auf?
(Paul, 2023)

Lebende und nichtlebende Natur

Thema: **Pflanzen der Heimat**

3.1 Laubbaum oder Nadelbaum?

Ort: (Grünes) Klassenzimmer
Material: -

Beschreibung: Der Spielleiter nennt nacheinander Laub- und Nadelbäume. Durch das Formen einer Krone über dem Kopf zeigt der Schüler, dass der genannte Baum ein Laubbaum ist. Sind die Arme des Schülers seitlich neben dem Körper abgespreizt, ist es ein Nadelbaum.

Variante: auch Anwendung im Grünen Klassenzimmer möglich

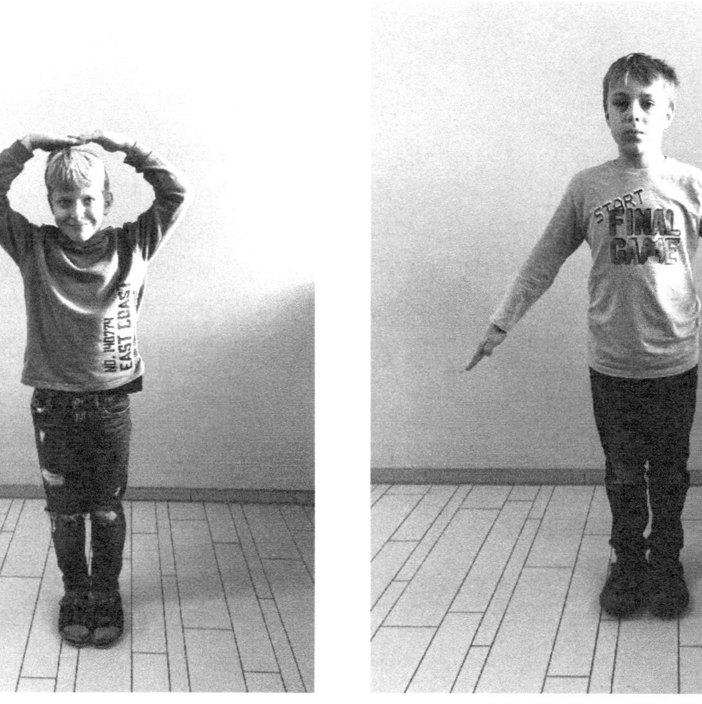

Laubbaum

Nadelbaum

Lebende und nichtlebende Natur

Thema: **Pflanzen der Heimat**

3.2 Die Baumkönige

Ort: Klassenzimmer, Schulgelände
Material: Laubblätter

Beschreibung: Die Kinder sitzen mit einem Baumblatt im Kreis. Wie bei dem Spiel „Mein rechter Platz ist leer" bleibt ein Stuhl frei. Das Kind links davon spricht: „Ich, König Adrian von Buche, wünsche mir König Konstantin von Ahorn her!" Der Gerufene schreitet königlich durch den Kreis und setzt sich nach einer Verbeugung auf den gewünschten Platz. Nun ist der Nächste an der Reihe.
(Schmidbauer & Hederer, 1991, S. 78)

Thema: **Pflanzen der Heimat**

3.3 Baum-Quiz-Wettlauf

Ort: Klassenzimmer, Schulhaus, Schulhof
Material: Ball

Beschreibung: Es bilden sich Kleingruppen. Alle Spieler einer Gruppe bis auf einen stellen sich an einer Linie auf. Der Quizmaster bekommt einen Ball und stellt sich ungefähr fünf Schritte von den Mitspielern entfernt auf. Nun wirft er den Ball zu einem beliebigen Kind und sagt entweder „Laubbaum" oder „Nadelbaum". Der Schüler muss einen entsprechenden Baum dazu nennen. Ist der Quizmaster mit der Antwort einverstanden, darf der Spieler einen Schritt auf ihn zugehen. Wenn die Antwort falsch ist oder schon einmal genannt wurde, muss er auf seinem Platz stehen bleiben. Wer zuerst den Quizmaster erreicht, löst ihn ab.
(Bartl, 1996, S. 31)

Lebende und nichtlebende Natur

Thema: **Tiere der Heimat**

3.4 Gehört es zusammen?

Ort: Klassenzimmer

Material: Wort- und/oder Bildkarten, von denen immer zwei ein Begriffspaar ergeben (s. unten)

Beschreibung: Verdeckt zieht jede Schülerin eine Karte. Die Hälfte erhält Karten mit Tieren, die andere Wortkarten mit Verhaltensweisen (Verben) dieser Tiere. Begegnen sich zwei Schüler beim Gehen durch den Raum, zeigen sie sich ihre Karten. Ziel ist es, den richtigen Partner zu finden.

Schwein	grunzen	Pferd	galoppieren
Vögel	fliegen	Katze	schnurren
Hahn	krähen	Hund	bellen
Biene	summen	Frosch	springen

Thema: **Tiere der Heimat**

3.5 Verstecken - Entdecken

Ort: Wald, Park, Schulhof (wenn mit Gras oder Bäumen bewachsen)
Material: Gegenstände (z. B. Luftballons)

Beschreibung: Entlang eines Weges werden 10 bis 15 Gegenstände verteilt. Manche sind deutlich erkennbar (Luftballon), andere kaum sichtbar in ihrer Umgebung.

Die Kinder gehen den Weg allein oder zu zweit in Abständen ab und versuchen sich möglichst viele Dinge einzuprägen (liegen lassen!). Am Ende sagen sie laut, wie viel Gegenstände sie gefunden haben und vergleichen.

Das Spiel wird mit einem Gespräch über den Nutzen von Tarnfarben beendet. Nun sollen die Schüler auf die Suche nach kleinen, getarnten Tieren (Insekten, Spinnen usw.) gehen.

(Cornell, 1991, S. 42)

Thema: **Tiere der Heimat**

3.6 Auf dem Bauernhof

Ort: Bauernhof o. Ä.
Material: -

Beschreibung: Die Klasse besucht gemeinsam einen Bauernhof. Die Schülerinnen haben Gelegenheit die Lebensgewohnheiten der Tiere zu beobachten, sich über die Tierhaltung zu informieren und erhalten einen Einblick in die Arbeit eines Bauern. Ausreichend Bewegungsmöglichkeiten, wie der Weg zur Weide, Spiele in der Natur u. a., sollten einbezogen werden.

Varianten:

- Zoo, Tiergehege, Kleintierhaltung o. Ä. besichtigen
- Erlebtes pantomimisch oder szenisch nachgestalten
- Fotostory vom Lernort in Kleingruppen erstellen (Paul, 2023, S. 47)

Lebende und nichtlebende Natur

Thema: **Erscheinungen in der nichtlebenden Natur**

3.7 Der Wind bist du

Ort: Schulhof, Schulhaus, Klassenzimmer
Material: -

Beschreibung: Alle stehen im Kreis. Jeder überlegt sich eine Form des Windes und das dazugehörende Geräusch. Einer nach dem anderen führt nun seinen Mitschülern „seinen" Wind vor und zeigt die passenden Bewegungen. Das können z. B. eine leichte Brise, ein starker Herbstwind, ein eisiger Winterwind, ein laues Frühlingslüftchen, ein Wirbelwind oder ein verheerender Sturm sein.
(Geißler, 1993, S. 77)

Lebende und nichtlebende Natur

Thema: **Erscheinungen in der nichtlebenden Natur**

3.8 Watte pusten

Ort: Klassenzimmer
Material: Wattebausch, Tische

Beschreibung: Es bilden sich mehrere Gruppen. Alle Mitspieler sitzen jeweils um einen großen Tisch (z. B. zusammengeschobene Bänke), in die Mitte wird ein Wattebausch gelegt. Auf ein Startsignal pusten alle, so stark sie können. Die Hände werden natürlich unter dem Tisch gehalten. Bei wem der Wattebausch vom Tisch fällt, muss eine Bewegungsaufgabe erfüllen (kleine Kniebeuge, Strecksprung, Überkreuzbewegung ...). Man kann es auch mit anderen Dingen versuchen, die sich schwieriger fortbewegen lassen (z. B. Korken, Büroklammer) oder die schwerer sind. (Mala, 1991, S. 71)

Variante: **Wattespiele:** Es können eine Reihe von Spielformen, die in dem Buch „Bewegte Grundschule" (Müller, 2022) vorgestellt werden, statt mit Korken, Lineal u. a. auch mit Wattebällchen durchgeführt werden.

Thema: **Erscheinungen in der nichtlebenden Natur**

3.9 Schiffchen im Wind

Ort: Klassenzimmer, Schulhaus

Material: Zeitungspapier, Stift oder Kreide, evtl. große Pappe

Beschreibung: Die Kinder spielen paarweise. Zunächst werden Schiffchen aus Zeitungspapier gebastelt. Anschließend einigen sich die Partner auf eine Rennstrecke. Sie markieren diese mit Federtasche, Büchern, Radiergummi etc. auf dem Tisch. Baut man Kurven und enge Stellen ein, erhöht das die Spannung. Die Schüler sollen ihre Schiffchen nun durch den vorgegebenen Kurs pusten! Wer ist der Schnellste im Windkanal?
(Geißler, 1990, S. 25)

Variante: Eine mögliche Faltanleitung befindet sich auf der nächsten Seite. Es ist aber auch möglich den Kindern Tablets zur Verfügung zu stellen, wo sie sich eine Faltanleitung in Form eines Videos anschauen können. Dieses kann entweder von der Plattform YouTube stammen oder von der Lehrkraft selbst erstellt werden. (Paul, 2023, S. 66)

1
nach unten
falten
2
Ecken zur
Mitte falten
3
Ränder nach oben
falten
4
eine Ecke
andere Ecke
nach vorn
nach hinten
falten
5
Dreieck öffnen,
Ecken aufeinander
legen
6
Untere Ecken nach oben
falten
7
Ecken zusammendrücken
8
auseinanderziehen
9
Fertig!

(Paul, 2023)

Lebende und nichtlebende Natur

Thema: **Erscheinungen in der nichtlebenden Natur**

3.10 Gegen den Wind

Ort: Schulgelände
Material: -

Beschreibung: Bei größerer Windstärke laufen die Schülerinnen mit und gegen den Wind. Sie tauschen sich über ihre Empfindungen aus.

Varianten:

- mit einer Zeitung vor dem Körper wird mit und gegen den Wind gelaufen
- Windwerfen (s. unten)

Windwerfen

Material: Zeitungspapier und starker Wind

Kleine Papierbälle werden aus Zeitungen geknüllt. Nachdem eine Abwurflinie und ein Ziel (Bank, Baumstumpf, auf den Boden gezeichneter Kreis usw.) vereinbart wurden, versuchen die Schüler, die Papierbälle ins Ziel zu werfen. Dabei ist darauf zu achten, dass der Wind quer zur Wurfrichtung bläst.

Varianten:

- Entfernung variieren
- Bei Gruppenarbeit wird gezählt, wer die meisten Treffer hat.
  (Geißler, 1993, S. 74)

Thema: Orientierung im Heimatort

4.1 Spielplätze erkunden

Ort: Schulumgebung/Wohngebiet
Material: -

Beschreibung: Auf einem Unterrichtsgang wird erkundet, wo die Kinder in der Schulumgebung/in ihrem Wohngebiet, sich bewegen, wo sie spielen und Sport treiben können. Dabei werden Bewegungs- und Spielmöglichkeiten in öffentlichen Einrichtungen (z. B. Spielplätze) oder freien Bewegungsräumen ausprobiert.

Varianten:

- Fotos anfertigen und evtl. zum Elternabend vorstellen
- Mit den Fotos erstellt die Klasse über das Schuljahr hinweg (evtl. als Projekt) eine Mappe. Darin befindet sich ein Foto des Spielplatzes, eine kurze Beschreibung, ein Kartenausschnitt zum Standort sowie der beste Weg, wie man von der Schule zu dem Spielplatz gelangen kann. (Paul, 2023, S. 67)

Thema: **Orientierung im Heimatort**

4.2 Stadtrundfahrt

Ort: (Grünes) Klassenzimmer
Material: -

Beschreibung: Die Schüler sitzen im Kreis. Der Reiseleiter (Lehrkraft, später auch Schüler) macht mit den Reisenden eine Rundfahrt durch den Heimatort. Er nennt dabei Sehenswürdigkeiten, an denen sie vorbeikommen. Bei richtig genannten Sehenswürdigkeiten stehen die Kinder auf, um zu zeigen, dass sie aussteigen wollen. Bei falschen Angaben bleiben sie sitzen und stampfen mit den Füßen auf. (Bei falschen Reaktionen der Reisenden können auch Pfänder abgegeben werden.)

Variante: auch Anwendung im Grünen Klassenzimmer möglich

Begegnung mit Raum und Zeit

Thema: **Orientierung im Heimatort**

4.3 Steine

Ort: Heimatort, Schulhof
Material: -

Beschreibung: In Verbindung mit einem Unterrichtsgang wird eine Steinsammlung angelegt. Mit den Steinen kann aber auch gestaltet werden, z. B. auf dem Schulhof Formen legen.

Varianten:

- Mit den Steinen werden Rhythmen geklopft. Der Partner bewegt sich entsprechend.
- Auch als Projekt ist das Thema Steine möglich: Steine bemalen, sich gegenseitig massieren, auf ausgelegten Steinen balancieren, einen Steinweg (durch eine Pfütze) bauen, ein Bild/Mosaik mit Steinen legen (Müller, 2021, S. 77-78)

Begegnung mit Raum und Zeit

Thema: **Zeitorientierung**

4.4 Tagesablauf

Ort: Klassenzimmer
Material: -

Beschreibung: Der Spielleiter zeigt Karten mit typischen Tätigkeiten im Tagesverlauf. Die Kinder stellen mit den Füßen die entsprechenden Uhrzeiten dar, zu welchen sie diese Tätigkeiten ausführen.
Beispiel für den Morgen: Zähne putzen, sich waschen, Haare kämmen ...

Begegnung mit Raum und Zeit

Thema: **Zeitorientierung**

4.5 Wochen-Hüpfekästchen

Ort: Schulhof, Klassenzimmer
Material: Kreide, evtl. beklebte Teppichfliesen

Beschreibung: Die Schüler zeichnen oder legen ein Hüpfekästchen (s. unten) und beschriften es mit den Wochentagen. Nun springen sie diese der Reihe nach ab (beidbeinig, mit rechtem Bein, mit linkem Bein, rückwärts ...). Auf dem „Sonntag" darf kurz ausgeruht werden, dann geht es zurück.

Varianten:

- Monate und Jahreszeiten abspringen
- Gruppenarbeit
- in einem Jahreskreis springen

Wochen-Hüpfekästchen

	SO	
SA	DO	FR
	MI	
	DI	
	MO	

Begegnung mit Raum und Zeit

Thema: **Zeitorientierung**

4.6 Laurentia

Ort: Klassenzimmer, Schulhof, Schulhaus
Material: -

Beschreibung: Die Schülerinnen stehen im Kreis, fassen sich an den Händen und singen „Laurentia" (s. unten). Wird das Wort „Laurentia" oder ein Wochentag genannt, machen alle eine kleine Kniebeuge.

Variante: Monats- und Jahreszeiten-Laurentia

Laurentia, liebe Laurentia mein

Überliefert

2.
Laurentia, liebe Laurentia mein,
wann werden wir wieder zusammen sein?
Am Montag.
Ach, wenn es doch erst wieder Sonntag, Montag wär,
und ich bei meiner Laurentia wär.
Laurentia wär.

3.
...Sonntag, Montag, Dienstag wär...

usw.

Begegnung mit Raum und Zeit

Thema: **Zeitorientierung**

4.7 Wer im Januar geboren ist

Ort: Klassenzimmer
Material: -

Beschreibung: Alle stehen in einem Kreis und singen das Lied „Und wer im Januar geboren ist" (s. unten) Wenn die Geburtstagskinder im jeweils besungenen Monat in der Mitte tanzen, begleiten die anderen diese durch Klatschen.

Und wer im Januar geboren ist

Überliefert

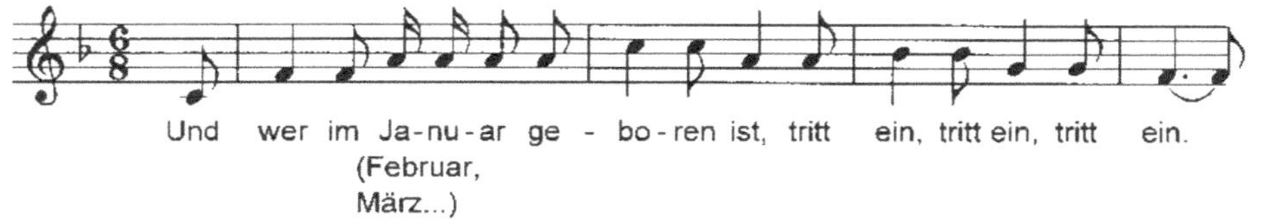

Begegnung mit Raum und Zeit

Thema: **Zeitorientierung**

4.8 Seilspringen

Ort: Schulhof, Sporthalle
Material: lange Seile

Beschreibung: Die Kinder bilden Gruppen. Jeweils zwei Schüler fassen ein langes Seil an den Enden und bringen es in Schwung. Die anderen Kinder springen nun nacheinander oder auch an den Händen gefasst über das Seil. Dabei wird von allen folgender Vers aufgesagt: „Salat, Salat, jeden Monat Salat! Im Januar, im Februar, im März ...". Wer überspringt die meisten Monate?
(Woll, Merzenich & Götz 1988, S. 35)

Variante: Wochentage springen

Thema: **Zeitorientierung**

4.9 Wir bauen einen Geburtstagskalender

Ort: Klassenzimmer
Material: -

Beschreibung: Alle stellen sich der Reihe nach hintereinander auf: Wer im Januar Geburtstag hat, steht als erster usw. Nun teilt ein Kind die Reihe in Frühjahr, Sommer, Herbst und Winter auf, so dass vier Gruppen entstehen. Die Namen der Schüler der einzelnen Gruppen werden jetzt von ihnen selbst in die jeweilige Spalte an der Tafel eingetragen. Es entsteht ein Geburtstagskalender, der nicht nach Monaten, sondern nach den einzelnen Jahreszeiten gegliedert ist. Jede Gruppe nennt typische Merkmale für ihre Jahreszeit. Abschließend können die Geburtstage im Kalender eingetragen werden.

Variante: Etwa fünf Kinder sortieren sich auf einem Springseil auf- oder absteigend nach ihrem Geburtstagsmonat.

Thema: **Zeitorientierung**

4.10 Es war eine Mutter ...

Ort: Klassenzimmer
Material: -

Beschreibung: Die Klasse bewegt sich im Kreis. Ein Schüler steht in der Mitte, umgeben von vier „Jahreszeitenkindern". Alle singen gemeinsam das Lied „Es war eine Mutter" (s. unten). Wird die jeweilige Jahreszeit genannt, dreht sich der angesprochene Schüler im Kreis. Bei der dritten Strophe bewegen sich alle entsprechend am Ort.

Variante: Die Klasse bildet 5er-Gruppen, jeweils eine Mutter in der Mitte eingekreist von den vier Jahreszeiten. Für die besungene Jahreszeit wird Typisches in der 2. Strophe pantomimisch dargestellt.
(Naegele & Haarmann, 1989, S. 98)

Es war eine Mutter

Überliefert

2.
Der Frühling bringt Blumen, der Sommer den Klee,
der Herbst, der bringt Trauben, der Winter den Schnee.

3.
Das Klatschen, das Klatschen, das muß man verstehn.
Da muß man sich dreimal im Kreis herumdrehn.

Thema: **Zeitorientierung**

4.11 In welchem Monat ist ...?

Ort: Klassenzimmer, Schulhaus, Schulhof
Material: Kreide, Seile, Karten mit Monatsnamen

Beschreibung: Auf den Boden wird mit Seilen und Monatskarten gemeinsam mit den Kindern ein Jahreskreis gelegt (siehe unten). Folgende Fragen des Lehrers werden durch die Schüler beantwortet, indem sie sich im richtigen Feld des Jahreskreises positionieren:

- Welcher Monat ist zurzeit?
- In welchem(n) Monat(en) ist Weihnachten, Ostern, sind große Ferien, beginnt die Schule ...?
- In welchem Monat hast du Geburtstag, die Mutti, ...?
- Welche Monate gehören zur Jahreszeit Winter ...?
- Zwei Monate vor dem Monat, auf dem du stehst, ist der ...?

Oktober

Mai

Juli

Juni

Dezember

Januar

März

September

Thema: **Zeitorientierung**

4.12 Spiel mit Kalenderblättern

Ort: Klassenzimmer, Schulhaus, Schulhof
Material: Kalenderblätter

Beschreibung: Jeder erhält ein Blatt vom Abreißkalender. Nun können mit Hilfe verschiedener Aufgaben Gruppen gebildet werden, z. B.:

- Alle Gruppenmitglieder sollen den gleichen Wochentag/Monat auf ihrem Kalenderblatt haben!
- Bildet Gruppen zu je drei Schülern, deren Kalenderblätter aufeinander folgende Wochentage oder Monate zeigen!
- Findet euch in Gruppen zusammen, die die Wochentage einer ganzen Woche darstellen!
- Bildet vier Gruppen. In jeder Gruppe finden sich die Kalenderblätter einer Jahreszeit zusammen!

(Hülsmeyer, 1993, S. 33)

Mobil in der Welt

Thema: **Schulung koordinativer Fähigkeiten**

5.1 Sei rücksichtsvoll!

Ort: (Grünes) Klassenzimmer
Material: -

Beschreibung: Die Schülerinnen gehen durch das Klassenzimmer, ohne mit einem Passanten oder einem Gegenstand anzustoßen.

Varianten:

- Bewegungsräume verändern
- Tempo erhöhen
- Bewegungsart verändern, z. B. Krebsgang
- auch Anwendung im Grünen Klassenzimmer möglich

Mobil in der Welt

Thema: **Schulung koordinativer Fähigkeiten**

5.2 Schülerlotse

Ort: Klassenzimmer
Material: -

Beschreibung: Die Schüler lotsen sich paarweise an Gegenständen und anderen Kindern vorbei mit folgenden Handzeichen:

- Heranwinken → Komm!
- Hand heben → Stopp!
- Seitwärtswinken → Nach links bzw. rechts!

Variante: Partnerwechsel

Thema: **Der Schüler als Fußgänger und Radfahrer**

5.3 Zebrastreifen

Ort: Klassenzimmer, Schulhof
Material: Kreide

Beschreibung: Im Klassenzimmer werden zwei Bordsteinkanten verbunden durch einen Zebrastreifen mit Kreide markiert. In beiden Hälften des Zimmers bewegen sich die Schüler frei im Raum. Auf der „Straße" fährt ein Auto (zwei Schüler). Die „Straße" kann erst überquert werden, wenn das Kind am Zebrastreifen ein Handzeichen gibt und Blickkontakt aufgenommen hat.

Variante: zwei Zebrastreifen aufzeichnen

Thema: **Der Schüler als Fußgänger und Radfahrer**

5.4 Verkehrspolizist

Ort: Klassenzimmer, Schulhof
Material: -

Beschreibung: Alle bewegen sich durch die Gänge des Klassenzimmers. Auf einer Kreuzung steht ein Verkehrspolizist. Hebt er den rechten Arm, bleiben alle Kinder plötzlich stehen. Bei Richtungsfreigabe gehen alle Schüler entweder quer oder längs durch den Raum.

Thema: **Der Schüler als Fußgänger und Radfahrer**

5.5 Schneckentempo

Ort: Schulhof, Sportplatz
Material: Fahrräder

Beschreibung: Es wird eine etwa 10 m lange Strecke gekennzeichnet. Jeder Radfahrer muss nun versuchen, so langsam wie möglich diese Strecke abzufahren, ohne dabei den Boden mit den Füßen zu berühren. Sollte das passieren, muss der Schüler zwei Meter nach vorn rücken. Wer benötigt die meiste Zeit? (Mala, 1990, S. 162)

Variante: die Strecke so schnell wie möglich durchfahren

Thema: **Der Schüler als Fußgänger und Radfahrer**

5.6 Wir bauen einen Verkehrsgarten

Ort: Schulgelände
Material: Fahrräder, Hindernisse, Verkehrszeichen

Beschreibung: Gemeinsam bauen die Schüler einen Verkehrsgarten auf. Anschließend durchlaufen und durchfahren sie diesen. Sie erkunden dabei unterschiedliche Wege. Als Fußgänger und Radfahrer stellen die Schüler Gefahren fest und erarbeiten sich Verhaltensregeln.

Variante: Partnerarbeit